DE L'ÉCONOMIE POLITIQUE À L'ÉCONOMIE POÉTIQUE

Questions contemporaines

Collection dirigée par Jean-Paul Chagnollaud,
Bruno Péquignot et Xavier Richet

Chômage, exclusion, globalisation… Jamais les « questions contemporaines » n'ont été aussi nombreuses et aussi complexes à appréhender. Le pari de la collection « Questions contemporaines » est d'offrir un espace de réflexion et de débat à tous ceux, chercheurs, militants ou praticiens, qui osent penser autrement, exprimer des idées neuves et ouvrir de nouvelles pistes à la réflexion collective.

Dernières parutions

Didier CLECH, *L'école, pour une parole libre*, 2021.
Christian FAURE, *Cinquante ans après : le délitement postmoderne,* 2021.
Nicole PERUISSET-FACHE, Un monde vivable en 2050 ?, 2021.
Laurent MARTIN (dir.), *La diversité ethnoculturelle dans les arts, les médias et le patrimoine. Enquête en France et en Europe*, 2021.
Hocine KERZAZI, *Islamo-diversion. Un quinquennat de casse sociale*, 2021.
Azalaïs KEHM, *L'égalité met-elle en péril le droit à la différence ? Les politiques multiculturelles suédoises*, 2021.
Michel BOURSE, Halime YÜCEL, *La communication politique : les enjeux aujourd'hui*, 2021.
Alexandre LABELLE, *Le travail d'éducation au sein des lieux de vie de la protection de l'enfance et de la jeunesse. Comparaison en France et Québec*, 2021.
Philippe WILLEMART (dir.), *La critique génétique à la recherche d'autres savoirs. De l'état quantique à l'écriture par la rature,* 2021.
Méline Renée MASSAMBA *Le génocide selon Nuremberg, l'ex-Yougoslavie et le Rwanda*, 2021.
Jacques BEAUCHARD, *Le bien commun, enjeu politique du développement durable*, 2021.
Simon KAISER, *Fédéralisme territorial et fédéralisme personnel. Réflexion sur les statuts personnels dans les États multicommunautaires*, 2021.

Jean-Jack Micalef

DE L'ÉCONOMIE POLITIQUE À L'ÉCONOMIE POÉTIQUE

L'Harmattan

Du même auteur

Nouveaux principes de physique.
Editions numériques Kindle 2015

Nouveaux principes de cosmophysique.
Editions numériques Kindle 2015

De l'univers éternel à l'éternité de l'homme.
L'Harmattan 2019

5-7, rue de l'École-Polytechnique, 75005 Paris

http://www.editions-harmattan.fr

ISBN : 978-2-343-24210-1
EAN : 9782343242101

En souvenir de Bernard Maris
Assassiné dans les locaux de
Charlie Hebdo

PREFACE

Nous abordons le devenir historique de l'humanité sous l'angle de la conquête physique et de la transformation économique des étants disponibles. Nous décrirons les grandes étapes de l'application de la volonté de puissance de l'homme par laquelle celui-ci s'approprie la nature grâce à son génie technique et à l'organisation collective du travail.

1 - Le recours aux concepts de la théorie darwinienne de l'évolution permet d'y inscrire les principes de l'économie libérale : combat pour la survie, lutte et sélection des espèces, exercice de la volonté de puissance pour croître et proliférer. Deux étapes de la marche historique ont correspondu à deux ordres sociaux assez radicalement différents : celui de la conquête physique et militaire relevant de l'ordre aristocratique et celui de la transformation économique de la bourgeoisie industrielle et commerçante.

La montée en puissance de la valeur-travail succède aux valeurs de l'aristocratie terrienne ; celle des sciences et techniques comme système explicatif du monde s'impose aux cosmogonies religieuses ; la prise en charge de toutes les sphères de l'humain par ce complexe économico-scientifique caractérise la nouvelle formation sociale qui tend à se planétariser. L'abolissement du servage a rendu chacun propriétaire de sa force de travail. Travailleurs et bourgeois furent les bénéficiaires de cette libéralisation qui ouvrait la voie à la généralisation de la compétition collective. Celle-ci ne met plus seulement en lice les entreprises mais mobilise l'ensemble des producteurs appelés à se concurrencer sur le marché du travail.

2 -. Le passage de l'ordre féodal à l'ordre libéral s'analyse comme un changement radical dans le dispositif de la

contrainte sociale. Ce qui force l'individu à la lutte pour la survie et au dépassement, ce n'est plus une organisation sociale contraignante mais l'individu qui intériorise les normes de sa réussite ou de ses échecs. Le recours au purgatoire du chômage est indispensable pour assurer la mobilisation du travailleur autour de l'entrepreneur. Le libéralisme ne retient de la finalité du travail que sa rentabilité. L'homme n'a pas de droit naturel à être membre d'une communauté de travail. Cela supposerait un devoir de solidarité de l'entreprise à son égard. La destruction des cadres traditionnels de solidarité, la disparition du groupement familial comme lieu de sécurité, la rupture des attaches avec un groupe, mettent le travailleur dans la dépendance de l'entreprise libérale

3 - La grande rupture est celle qui a permis le passage de l'économie d'autarcie et de gratuité à celle qui mesure les efforts et les mérites de chacun. Il y a société marchande lorsque des individus ou des groupes s'échangent des marchandises sur le mode commercial, il y a société capitaliste quand le travail est acheté en tant que tel pour en prélever une plus-value. Le développement de la société marchande est le résultat d'une scission croissante entre producteurs et consommateurs et marque le passage d'une société autarcique d'auto production à une société d'échanges généralisés.

L'essence de la relation marchande c'est l'instauration dans la relation humaine d'un rapport de calcul de la valeur à échanger. La société marchande sépare le producteur du consommateur. Les temps et lieu de la production et celui de consommation sont distincts.
A l'inverse la relation *non marchande* est caractérisée par le produire pour-soi, pour l'autre, pour sa famille hors le calcul de l'effort dans une perspective de retour à soi : la relation

humaine détermine l'échange de produits et intervient comme une des modalités des relations sociales.

4 - L'économie marchande se résume dans le *« produire pour l'autre afin de consommer pour soi »*. Consécutivement, la généralisation de la division du travail a engendré un éclatement planétaire des lieux de production. Il s'agira de rompre avec des siècles de division du travail qui eut pour conséquence de créer des monstres multinationaux et des usines concentrationnaires de travailleurs ; Nous songerons à rapprocher les lieux de production des lieux de consommation et à restreindre l'anonymat de l'échange commercial. La production et l'échange économique seront plutôt un prétexte à la rencontre, une occasion de renforcer les liens humains, de partager une histoire commune sur son lieu de vie.
La décentralisation économique doit être à l'exemple de la décentralisation administrative. Il s'agit casser les divisions nationale et internationale du travail en multipliant les petites usines et unités de productions.

5 - Le principe de *gratuité* fait correspondre le niveau de la consommation à celui des besoins individuels et sociaux. Cependant, il ne peut s'appliquer aux biens rares et à ceux dont l'usage engendrait gaspillage ou destruction écologique. Mais il existe un vaste domaine où l'échange gratuit peut s'appliquer. Cela implique une nouvelle définition du rôle du service public chargé de maximiser la consommation des biens librement disponibles.
Nous entrons dans un type d'économie basée sur le principe du don mutuel, d'un engagement d'échanger une même valeur. La théorie de l'échange gratuit permet la consommation sans restriction d'un certain nombre de biens et services et instaurer un espace d'humanité et de générosité en restreignant la sphère de l'échange marchand. Sans nier la

nécessité d'une sphère laissée à la marchandise, il s'agit d'instaurer un contrepoids à ce mode exclusif et généralisé de l'être ensemble.

6 - Il faut envisager le troisième stade de développement de l'humain, celui qui succéderait à la conquête territoriale (militaire) puis économique, celui du dépassement de la lutte sous toutes ses formes : guerres, luttes de classes, lutte pour la survie, luttes pour la possession du capital et des espaces économiques, luttes entre travailleurs pour l'obtention du travail etc. Il s'agit d'installer l'homme sur Terre dans l'abondance et le confort de vie permettant à chacun d'exister sans angoisse du lendemain. Cette fin de la lutte, doit être conçue comme un horizon et une voie de perfection de l'humanité. Elle est toute à la fois aboutissement d'un processus historique et mise en œuvre volontaire.

Au-dessus de toute politique, de tout intérêt économique, de toute innovation technique, des nouveaux droits dits « poétiques » seront supérieurs aux normes économiques et techniques pour assurer le maintien des liens de fraternité et de proximités entre les hommes. Une charte recensant les grands principes d'une approche poétique et une déclaration de ces nouveaux droits sera élaborée et intégrée à la constitution. Une haute autorité poétique (comité poétique constitutionnel) sera chargée d'apprécier la conformité à ces droits de toutes les mesures législatives et les innovations techniques.

7 - L'humanité a atteint le stade de l'universalité. Le troisième stade marque l'achèvement de l'organisation du monde vers un gouvernement démocratique de la planète. L'Etat mondial est l'aboutissement du processus de conquête et d'universalisation des peuples. Il succède à l'organisation féodale des différents Etats nations et la domination

persistante des nations les plus riches et puissantes. Il devra mettre en œuvre une politique de justice redistributive à l'échelon planétaire.

CHAPITRE 1 - DEPLOIEMENT DE LA VOLONTE DE PUISSANCE

1 – DEFINITIONS

1.1 **La volonté de puissance, c'est la disposition des organismes vivants de tendre vers l'accomplissement absolu de leurs possibles, celle d'évoluer pour s'adapter, de croître et de proliférer, de conquérir le plus vaste domaine de l'étant.**

Toutes les espèces - animales et végétales - sont dotées pour exister, survivre et se reproduire, des moyens de défense et d'appropriation de leur subsistance. Cette volonté de puissance par laquelle la vie existe, se maintient et prolifère, est incarnée au plus haut degré dans l'Esprit de l'homme. Son intelligence technicienne lui a permis de dépasser les limites imposées par sa constitution physique et les contraintes de sa niche écologique. La technique et la science comme moyens de maîtrise ne sont pas superfétatoires mais relèvent de l'essence propre de l'homme.

1.2 **L'histoire de l'humanité est celle de la lutte de notre espèce pour sa survie et son expansion au moyen de la conquête territoriale et du travail transformateur.**

L'humanité s'est imposée grâce à son ingéniosité laborieuse, prolongement de cette volonté de puissance à l'œuvre dans l'univers. L'invention du travail est invention de l'humain. L'Esprit s'impose et se façonne en détournant à son profit les produits de la nature. Il apparaît au moment où il transforme la pierre en arme et en outil. C'est le même Esprit qui tailla le silex qui aujourd'hui procède à la fission de l'atome.

1.3 **La nature est donnée à l'homme comme une réserve a priori sans limite offerte à son investigation.**

L'histoire de l'homme consiste à dévoiler cette nature, à en comprendre ses lois, à inventorier ses constituants, à les utiliser ou les transformer pour satisfaire ses multiples besoins et ambitions. A partir d'un état de méconnaissance et de dénuement initial, le travail a permis de transférer ce savoir potentiel de la nature vers l'homme.
L'homme a « *reçu* » la mission d'obéir aux lois de l'évolution en complétant l'œuvre universelle par ses propres créations. Dès l'origine, on constate que l'arraisonnement du monde par la technique constitue la modalité unique d'accession au statut d'espèce distincte. Mais cet arraisonnement n'est pas livré au hasard et doit suivre un chemin qui nous apparaît rétroactivement logique. La découverte de l'électron ne pouvait s'effectuer antérieurement à celle du feu, le moteur à explosion avant les progrès de la métallurgie, la télévision avant la compréhension des lois de l'électromagnétisme. L'évolution historique est tributaire de la succession des découvertes effectuées par les différentes formations historiques.

1.4 **A partir de l'expression de besoins primaires (manger, se loger, se vêtir, se protéger, comprendre, se déplacer, communiquer) l'histoire humaine apparait comme une entreprise d'extension du champ de satisfaction de ces besoins.**

On a assisté à l'accroissement des techniques appliquées à l'agriculture (l'élevage intensif), au perfectionnement des méthodes de construction, au développement des moyens militaires pour aboutir à la bombe nucléaire, à l'invention de l'automobile, du chemin de fer et de l'avion pour se déplacer, à la maîtrise de l'électricité et de l'électronique pour

communiquer à distance, à l'invention de l'imprimerie pour accroître la diffusion du savoir, etc.
A chaque étape de l'histoire, le pouvoir d'un homme, d'un groupe, d'une classe, va dépendre de leurs mérites pour cristalliser la volonté de puissance collective afin accomplir un moment du devenir de l'espèce et réaliser les « possibles de leur temps ». Ces possibles potentiels constituent le projet inconscient commandant au devenir de l'espèce humaine.

1.5 Avec le développement de l'outil, l'organisation collective du travail a été le second facteur de l'expression du "vouloir se répandre" de l'humain.

C'est la constitution du groupe qui a donné à la chasse des temps préhistoriques sa véritable efficacité. L'homme n'a pu survivre que par sa dépendance et son intégration au groupe.
Un aspect de l'histoire humaine s'explique par l'antagonisme entre l'organisation collective du travail et l'appropriation privative des richesses au profit d'un individu, d'un groupe, d'une classe. Depuis la première bête abattue par l'homme préhistorique, s'est posée la question : selon quelles règles doit s'opérer le partage, qui doit avoir la plus grosse part, les meilleurs morceaux ?
Dans tout groupe s'installe une hiérarchie acceptée, désignée ou subie, qui sera la base d'une élite dirigeante ouverte ou fermée, abusant ou pas de ses privilèges, cherchant à les étendre ou à les préserver.

1.6 La lutte de notre espèce contre l'animal et l'hostilité de la nature se doublent d'une lutte des volontés de puissance entre les hommes.

Ce ne furent que combats entre groupes sociaux, tribus, nations, pour la possession de territoires de chasse, de culture, la domination et la mise en esclavage d'un groupe, d'une classe, d'une oligarchie sur les autres hommes. La lutte individuelle pour sa survie s'est toujours doublée de conflits intergroupes pour la possession de nouveaux territoires de chasse, la conquête des terres fertiles, l'appropriation par la guerre du bien de l'Autre. La lutte de l'homme pour la maîtrise de la nature a ainsi accompagné le combat intra-humain dont témoignent l'histoire des guerres et des conflits religieux et sociaux.

1.7 Deux modes principaux de la volonté de puissance coexistent : celui de l'expansion territoriale et celui de la transformation économique.

La période de la conquête territoriale voit la domination de la forme militaire (aristocratie) accompagnée par l'avancée des sciences techniques. A mesure que se raréfient les territoires à conquérir, que croît la population consécutivement au progrès technique, la conquête passe du militaire à l'économique : l'aristocratie d'essence militaire cède le pas à l'entrepreneur capitaliste.

La naissance de la société marchande s'explique par une mutation des moyens de l'expansion : la terre n'est plus le lieu principal de la production des richesses. La domination de l'humain d'extensive devient intensive, la science et la technique servent à transformer les étants en produits pour l'homme : la conquête devient production rationnelle et non plus consommation du disponible (chasse, pêche, cueillette).

2 – ORIGINE DU LIBERALISME

2.1 La philosophie libérale transpose sur le plan économique les concepts de la théorie darwinienne de l'évolution : combat pour la survie, lutte et sélection des

espèces, exercice de la volonté de puissance pour croître et proliférer.

La nécessité du combat pour la survie a pour traduction l'insécurisation des producteurs, l'instabilité des statuts et situations, la réduction des aides et assistances qui affaiblissent la volonté d'action et de dépassement.
La lutte et la sélection des espèces prennent la forme de la concurrence généralisée, de la récompense des plus aptes, la relégation des moins compétents et des plus faibles.
La volonté de croître et de proliférer prend la forme du désir de profit, l'expansion de la sphère de l'ego, l'augmentation illimitée de biens et capitaux.
Le libéralisme est l'expression philosophique d'un « laisser faire » primaire, d'une tendance « naturelle » à l'œuvre dans l'animalité, ayant permis à l'humanité de parvenir au statut d'espèce dominante.
En ce sens le " phénomène libéral " ne saurait être le propre d'une classe particulière mais constitue l'un des modes d'expression de la volonté de puissance à l'œuvre dans la nature ; c'est un déterminisme qui agit l'humanité depuis son origine. Il trouve son expression la plus parfaite chez les penseurs anglo-saxons du XVIIIème qui anticipent les concepts de l'évolution naturelle de Darwin.
Sur cette base, il organise l'ensemble des dispositifs réels et imaginaires à des fins de productivité croissante. Le succès du libéralisme réside dans sa capacité à augmenter l'offre de biens par application des principes de l'évolution naturelle.

2.2 La théorie libérale est une construction idéologique adaptée à sa finalité : la maximalisation de la production.

L'idéal de l'économie capitaliste, c'est l'expansion, le développement de la production des biens et services, la dépense. Objectivement, la logique du libéralisme pousse à la consommation et à la production illimitée de biens et services. Il ne semble pas y avoir de distorsion entre les moyens et les fins.

2.3 Le libéralisme n'est pas une philosophie au sens de système de valeurs destiné à répondre aux questionnements fondamentaux de l'homme.

Il répond à la question : comment satisfaire avec le maximum d'efficacité aux besoins des individus, comment assurer leur survie, leur bien-être matériel, comment mettre en place les instruments de la conquête et traduire dans le réel la volonté de puissance de l'espèce humaine. Le libéralisme est un ensemble de valeurs comportementales adaptées à la finalité : l'expansion économique illimitée.

2.4 Basé sur l'individualisme, la recherche de l'intérêt personnel, le libéralisme doit avoir pour contrepoids une éthique de la justice et de l'intérêt collectif.

Le libéralisme pur privé de son contrepoids naturel tend à pousser aux extrêmes sa logique. La modernité ne peut se comprendre hors du jeu politique de balancier entre les valeurs du productivisme libéral et celles de l'éthique, entre principes de concurrence et principes de collaboration, entre le primat de l'individu et celui du commun, entre le laisser-faire du marché et la régulation étatique.

2.5 Le libéralisme débouche sur une vision pessimiste de la nature humaine puisque celle-ci serait mue par l'instinct de survie, le combat des égoïsmes, la recherche du profit personnel.

Ces vertus négatives, l'ordre social a pour ambition de les transmuer en bien : l'intérêt général résulterait de la mise en commun des intérêts particuliers. Si chacun recherche individuellement son intérêt propre le bien commun est automatiquement assuré. La recherche individuelle de son profit représente le plus sûr moyen de pousser chacun à l'effort productif.

(A. Smith : ce n'est pas de la bienveillance du boucher, du marchand de biens ou du boulanger que nous attendons notre dîner, mais bien du soin qu'ils apportent à leurs intérêts. Nous ne nous adressons pas à leur humanité, mais à leur égoïsme ; Et ce n'est jamais de nos besoins que nous leur parlons, c'est toujours de leur avantage ; - Richesse des Nations L1/Ch. 2).

C'est la bonne gestion individuelle qui assure la meilleure allocation possible des richesses. La privatisation est plus rationnelle et efficace dans son principe car les entreprises sont placées sous le contrôle permanent du marché.

2.6 Le libéralisme n'a pas surgi comme une rupture surprenante en opérant le passage de l'ordre féodal à l'ordre capitaliste.

Il constitue l'aboutissement du mouvement de l'humanité accomplissant son destin, à l'intérieur de contraintes (matérielles, physiques, biologiques). Le libéralisme industriel consacre l'économique comme mode dominant d'expression de la volonté de puissance Il succède progressivement à l'ordre militaire caractéristique d'une période d'expansion territoriale et de compétition physique inter-nations.

3 - EXTENSION DE LA BOURGEOISIE

3.1 La montée en puissance de la valeur-travail comme lieu de la réalisation individuelle, succédant aux valeurs de l'aristocratie terrienne, l'accroissement de puissance des sciences et techniques comme système explicatif du monde à la place des cosmogonies religieuses, la prise en charge de toutes les sphères de l'humain par ce complexe économico-scientifique, caractérise la nouvelle formation sociale qui tend à se planétariser.

Les figures archétypales dominantes de l'entrepreneur, du scientifique, de l'artiste et du salarié vont progressivement remplacer celles du l'aristocrate, du prêtre et du serf.

3.2 La hiérarchisation sociale s'est définie progressivement relativement à la place de chacun dans le système de production et non plus par rapport à une lignée familiale ou au territoire d'un seigneur.

L'apparition du bourgeois, comme figure sociale historique, ne saurait être datée puisque intimement liée au commerce, à l'échange et à la fragmentation de l'activité dans la division du travail. C'est une figure potentiellement contenue dès l'origine dans le procès économique de conquête de la planète qui prend place aux côtés du chasseur, du guerrier, du paysan, de l'éleveur, de l'artisan.
Il s'insère dans l'acte de commerce qui surgit entre groupes séparés. Il suppose le dépassement de l'économie autarcique, la production de surplus et l'introduction du calcul des valeurs échangées à la place de l'échange gratuit entre membres d'une communauté.
Sa spécialisation comme « intermédiaire de l'échange » implique une séparation entre producteur et consommateur, la constitution d'un capital qui conserve la valeur-marchandise

pendant le temps qui sépare la fin de la production par l'un de l'achat par un autre.

3.3 Le bourgeois/commerçant se mue en bourgeois/industriel lorsqu'il ne se contente plus d'acheter pour vendre à des producteurs indépendants mais lorsque son capital lui permet de détenir les moyens de production.

C'est à ce stade que l'artisan se transforme en industriel, que l'atelier se mue en manufactures, concrétisant un lent mouvement de spécialisation et de massification des productions. Cela correspond à l'extension des sphères de l'échange tel que des regroupements de plus en plus importants de salariés sont appelés à travailler pour des consommateurs de plus en plus nombreux et éloignés. L'extension du salariat, prenant le pas sur la petite entreprise artisanale, s'inscrit dans ce schéma évolutif, attribuant aux détenteurs de capitaux une importance de plus en plus grande dans l'ordre économique.

3.4 L**a bourgeoisie représente une classe extensible, sans limite ni privilèges définitifs car la légitimité du pouvoir repose sur la conquête économique et la soumission aux lois et aléas du marché.**

La division statutaire en classes sociales se dilue au XVIIIème siècle qui réservait à des castes (aristocratie, clergé) des privilèges qui reposaient sur une hiérarchie du mérite (la conquête militaire, le pouvoir spirituel) mais également sur la transmission héréditaire du statut social (droit du sang) lui-même reposant sur la transmission de la terre.

Le passage du pouvoir aristocratique à celui de la bourgeoisie a correspondu à une mutation quant à l'origine de la richesse.

En conséquence le lien du sang (famille) disparait comme fondement du pouvoir politique. Puisqu'on obtenait les moyens de sa survie non plus par un lien de vassalité à l'égard du propriétaire de terres alimentaires mais par la production et l'échange, la matérialité du pouvoir a été transférée du seigneur au marché.[1]

3.5 La bourgeoisie, en tant que classe historique ne constitue pas une entité homogène et stable.

Ce qui la caractérise, c'est la possession d'un capital, source de profits et de rentes et elle tire sa légitimité des rapports économiques directs avec un marché. Dès lors, le simple artisan, l'agriculteur, les membres des professions libérales participent de l'idéologie libérale. La conscience de classe repose sur le socle « matériel » de la possession d'un capital fixe mais aussi sur l'adhésion aux valeurs du libéralisme : sa plus grande efficacité, l'acceptation du risque, de l'incertitude, du combat économique livré sur un marché concurrentiel. De ce rapport direct au marché il s'en suit une adhésion aux valeurs de l'idéologie libérale (rapport au profit, à la libre entreprise, à la propriété privée, etc.) Ces différents entrepreneurs se distinguent du salarié qui n'est pas confronté directement aux aléas et risques du marché.
Cette origine des revenus va déterminer deux types principaux de détermination et deux états sociaux différents, celui des salariés et la vaste catégorie hétérogène de la bourgeoisie économique liée au marché.

3.6 La hiérarchisation sociale, à sa toute première origine, la place de chacun dans le processus économique doivent

[1] Le clergé détenait son pouvoir de Dieu et non de la conquête militaire. Cependant les hauts dignitaires étaient le plus souvent d'origine aristocratique. L'église possédait un abondant patrimoine foncier qui était l'assise de son pouvoir terrestre à l'égal de l'aristocratie.

être défini relativement à la force brute, l'ingéniosité technique, l'habilité stratégique déployées dans le travail d'appropriation.
Consécutivement, la domination de l'un sur l'autre suppose toujours la conquête d'une des bases matérielles du pouvoir par la puissance guerrière : la terre (esclavage, servage) ou la possession des moyens de productions (salariat).
En dernière analyse, le pouvoir de l'un sur l'autre, même s'il implique des éléments d'une extrême complexité psychologique, s'il peut inclure une part de sujétion volontaire, s'il prend des formes parfois de nature spirituelle, repose sur la maîtrise d'un domaine vital de l'étant indispensable à la survie et à l'insertion sociale (terre, capitaux, entreprises, technologie). La domination par le politique doit s'appuyer sur les détenteurs de ce pouvoir économique.

3.7 Il n'y a pas de différence d'essence entre les mérites d'un chef militaire qui s'approprie territoires et richesses, celui d'un maître ou d'un seigneur qui s'approprie le travail de son esclave ou de son serf et celui de l'entrepreneur capitaliste qui prélève la plus-value sur ses salariés.

Mais entre salariés eux-mêmes règne une très grande inégalité de salaires, de privilèges, de sécurité d'emploi : l'injustice sociale ne relève .pas seulement de l'action volontaire d'une bourgeoisie malfaisante.

4 - EXTENSION DE LA COMPETITION COLLECTIVE

4.1 La compétition oblige aux dépassements de chacun pour survivre sous peine de faillite, de chômage ou de baisse des revenus et salaires.

La recherche du profit est une conséquence seconde de la lutte pour accroître les moyens de sa subsistance puis de sa sécurité et enfin de son confort et abondance. Cette double motivation au travail (crainte + profits) rend l'entreprise capitaliste efficace à l'inverse de l'idée communiste qui élimine la concurrence, le profit et l'insécurisation des travailleurs.

4.2 L'abolissement du servage, conséquence de l'application des idées démocratiques, a rendu chacun maître et propriétaire de sa force de travail et des produits de celui-ci. Travailleurs et bourgeois furent les bénéficiaires de cette libéralisation qui ouvrait la voie à la généralisation de la compétition collective.

La démocratie du mérite, le principe de l'égalité des chances, représentent l'aliment substantiel d'où le libéralisme tire sa force motivante et sa légitimité. La récompense du plus méritant est le fond idéologique de toute société inspirée par les valeurs de la révolution française. La toute-puissance de l'idéologie libérale réside dans le culte de l'individu s'auto constituant, libre de choisir son destin, ne devant sa réussite à personne et pouvant s'élever jusqu'aux sommets de l'échelle sociale. Sur cette base, s'est opérée la profonde césure politique des temps modernes opposant les libéraux aux diverses formes de socialismes qui privilégient le rôle du groupe, de l'Etat et de la solidarité collective sur celui accordé à l'individu.

La bourgeoisie n'est pas une classe fermée mais se trouve légitimée par sa tolérance à accueillir ceux qui réussissent et rejoignent l'élite. Cependant, on assiste à une rotation rapide des fortunes et des privilèges. La transmission d'un patrimoine, la gestion d'une entreprise par les héritiers impliquent que ceux-ci soient aptes à maintenir et faire fructifier les biens familiaux. La pérennité de grandes familles d'industriels suppose qu'elles secrètent les gestionnaires aptes à maintenir et développer la puissance de leur groupe. Le turn-over des fortunes a aussi pour origine l'évolution industrielle et les lois du marché qui obligent à une remise en cause constante des positions acquises.

.4.3 A l'opposé du pouvoir aristocratique immuable, le capitalisme est fondé sur le mouvement, le provisoire, l'incertain, l'accession rapide et la rotation des privilèges : un capitaliste chasse l'autre, une famille régnante se substitue à l'autre.

Ce qui demeure immuable, ce ne sont plus les hommes mais les principes : l'entrepreneur tirant son pouvoir du marché, n'a de compte à rendre qu'à celui-ci. Son sacre ou sa destitution dépend de sa capacité à préserver et accroître son capital. L'accession aux privilèges devient l'enjeu social par excellence qui engage la société dans une compétition collective. La puissance idéologique du libéralisme provient de cette suppression des frontières et clôtures entre classes sociales pour organiser la lutte démocratique d'accession à l'élite dominante. Le système rigide de classe de l'ancien régime a été remplacé par une hiérarchisation sociale fluide, une promotion organisée de la base vers le sommet.

4.4 Le pouvoir ne réside plus dans une légitimité divine, ne se transmet plus de père en fils, mais fait l'objet d'une lutte permanente et collective pour sa conquête.

La grande révolution libérale a changé radicalement les fondements de l'ordre social : ce n'est plus le principe d'hérédité, de transmission familiale qui commande mais la conquête individuelle. La famille, la tribu, la commune, ne sont plus le cadre de la légitimité et de la solidarité socio-économique. L'individu n'est plus défini comme membre d'une communauté, n'a plus d'assise légale dans un groupe d'origine, mais s'appartient à lui-même et délègue une part de cette souveraineté à l'Etat. Le lien fondamental et unique est celui qui relie les citoyens séparés à l'Etat comme entité abstraite et anonyme.

4.5 La lutte intergroupe est passée progressivement de la conquête territoriale au champ économique.

Elle prend la forme "libérale" de concurrence généralisée entre nations, groupes industriels et vendeurs de force de travail. Le génie industriel d'un peuple, ses capacités laborieuses, ses qualités créatrices et innovantes, les dispositions stratégiques de ses entrepreneurs, représentent la manifestation moderne de la volonté de puissance.
La détention d'un pouvoir d'échange est désormais l'enjeu de la lutte collective de l'espèce. Ce pouvoir prend la forme du capital, de techniques, d'un savoir spécialisé ou d'une force de travail.
Les états nationaux, les groupements interétatiques deviennent les instruments de la conquête d'un espace économique vital. La domination territoriale se nomme achat d'entreprises, prise de participation, implantation, domination d'un marché. La terre, l'espace ne se conquièrent plus par la force mais s'achètent. La colonisation prend la forme légale d'implantations d'entreprises, d'exploitation de la main-d'œuvre locale au profit des grandes sociétés multinationales. Il ne s'agit plus d'occuper un territoire par les armes, mais d'agrandir ses parts de marché et d'accroître leur productivité. Le marché est devenu " l'espace sans territoire" où s'exerce la forme nouvelle de la volonté de puissance.

4- 6 Le libéralisme comme doctrine, condense les règles de la lutte pour la survie et la conquête appliquées non plus à

l'aventure guerrière et militaire mais à l'appropriation et transformation des étants.

Le pouvoir et la puissance s'enracinent désormais dans la propriété privée acquise en principe non par la force guerrière mais par son génie tactique déployé dans le processus de l'échange économique. Ainsi selon Arthur Young (l'arithmétique politique) :

" Les manufacturiers dans leur enceinte produisent pour le gouvernement le même effet qu'un accroissement de territoire ".

5 - CONCURRENCE ENTRE TRAVAILLEURS ET REVENDICATIONS

5.1 La compétition ne met plus en lice seulement les entreprises mais mobilise l'ensemble des producteurs appelés à se concurrencer sur un marché du travail libre et ouvert.

Le déplacement de la volonté de puissance du guerrier à l'économique se traduit par une compétition entre nations pour la maîtrise d'une part du marché international. Cette concurrence a pour conséquence la conquête du travail de l'un par l'autre. La lutte vitale ne concerne plus le territoire mais le pouvoir d'échange. La quantité totale de travail disponible sur les marchés nationaux et internationaux est devenue l'enjeu d'une lutte planétaire pour l'appropriation de la plus grande part. L'ultra-travailleur en tant que chevalier de la productivité s'est arrogé le droit de déposséder le moins efficace de sa capacité productive.

5.2 Il n'y a pas d'opposition entre les principes libéraux de sélection de l'espèce appliqués au fonctionnement de

l'entreprise capitaliste et ceux qui s'instaurent entre travailleurs.

La concurrence entre travailleurs est la réplique de la concurrence entre firmes capitalistes. Règne le primat de la lutte individuelle pour la survie comme motivation de son activité à partir de laquelle s'opère une sélection entre les plus productifs et les autres. *La solidarité entre travailleurs interfère toujours avec les exigences de la lutte de l'espèce pour sa survie individuelle.* La lutte des classes interagit toujours avec la lutte privée pour le partage du gâteau collectif.
Le génie des penseurs libéraux a été d'asseoir le progrès économique sur ce réalisme de la compétition collective

5.3 Le passage de la féodalité à l'ordre démocratique a été le passage d'une compétition pour le pouvoir réservée à une élite à la généralisation de la compétition.

Cette compétition désormais démocratique a pour objectif de sélectionner les meilleurs sans distinction d'origine. Le pouvoir dans nos démocraties libérales a pour assise la lutte de tous contre tous pour accéder aux privilèges et lieux du pouvoir. La philosophie égalitariste des lumières n'est qu'un des constituants idéologiques de l'ordre libéral. Ce qui est revendiqué, ce n'est pas une égalité fondamentale, mais une juste rétribution du mérite c.à.d. d'un retour mathématique à soi de l'équivalent de sa peine et de son génie. Il s'agit pour chacun de calculer sa valeur et d'exiger la plus haute rémunération pour l'effort déployé.

5.4 Dans le partage du revenu collectif, chacun cherchera à imposer la valeur de sa force de travail sur le marché des marchandises.

Chacun est justifié d'exiger le plus haut prix pour la vente de son travail comme pour les marchandises. Il n'y a pas de raison autre qu'idéologique pour qu'une heure de travail soit payée dix fois plus qu'une autre. Et celui qui gagnera dix fois plus trouvera toutes les raisons pour justifier son gain et exiger d'être payé onze fois plus. On pourrait très bien imaginer que la hauteur de la rémunération soit proportionnelle à la pénibilité de la tâche, son inintérêt, son côté répétitif ; à l'inverse, les travaux les plus créatifs et épanouissants pourraient être situés en bas de l'échelle des salaires. La hiérarchisation des rémunérations est le résultat d'un processus idéologique, d'un rapport de forces historique, d'une conception de la récompense des mérites. Ce rapport de forces organise la hiérarchie sociale et varie selon les époques en relation avec les lois du marché qui modifient la structure des revenus par catégorie d'activité.

5.5 La compétition entre firmes sur le marché des marchandises a pour stimulant la compétition démocratique organisée pour sélectionner les meilleurs et attribuer une valeur à leur force de travail.

Un principe d'insatisfaction de son statut et de sa rémunération constitue le fond permanent des sociétés libérales compétitives. La *revendication* va être la toile de fond du discours socio-politique. Chacune des multiples corporations professionnelles aura pour objectif l'obtention d'avantages pour ses affiliés en référence avec les principes de la démocratie du mérite.

5.6 La lutte, comme revendication d'un juste pouvoir d'achat - posé par définition comme toujours insuffisant - participe de l'économie générale du combat collectif pour le partage et s'inscrit dans la dynamique globale du mouvement de conquête du libéralisme.

Cette lutte entre les forces du capital et celles du travail se déduit comme conséquence de la lutte des espèces pour la domination de l'un sur l'autre. Le syndicalisme revendicatif est l'instance de régulation du capitalisme : le "*plus de salaire*" est la contrepartie du "*plus de profit* " et s'inscrit dans le couple antagoniste justice/productivité.

Cet affrontement dissimule le fond idéologique commun entre le salarié et l'entrepreneur capitaliste. Chaque salarié va revendiquer toujours plus d'avantages, qui, une fois obtenus, les laisseront indifférent[2] au sort des autres salariés. Si l'entrepreneur cherche à vendre sa marchandise toujours plus chère et payer son salarié le moins possible, le salarié va également négocier son salaire au plus haut prix. Le salarié est fondé d'exiger toujours plus et le patron de prélever un maximum de plus-value.

La rémunération selon les mérites des salariés et les profits accordés à l'entrepreneur, procèdent de cette règle commune que le conquérant doit recevoir l'exacte part de sa conquête. Le principe de justice qui commande, c'est d'accorder à chacun sa juste part selon son mérite. Entrepreneurs libéraux et salariés participent d'un même système très cohérent, d'une même logique productiviste dont l'opposition apparente est constitutive de la dynamique d'ensemble du modèle libéral.

5.7 La généralisation d'une forme subtile et anonyme de domination : celle du marché.

---

[2] C'est un signe d'humanité que de se sentir solidaires des pauvres et des exploités, de déplorer les injustices et profits de certains. Cependant, cela n'implique nullement une remise en cause des avantages dont on bénéficie ni l'origine de ceux-ci.

Le pouvoir de l'aristocratie se donnait pour visible, l'arbitraire relevait d'une classe identifiable. La domination de l'employeur capitaliste a pour légitimité sa soumission aux lois du marché et aux exigences des consommateurs. Il n'a de compte à rendre ni à la société ni à ses salariés[3]. Il est entrepreneur par la grâce du marché comme le roi l'était par la grâce de Dieu.
Dans les temps anciens, l'exploitation du paysan prenait la forme de prélèvement direct de taxes, de récoltes, etc. L'exploitation, comme le statut d'infériorité de la plèbe, étaient visibles et légalisés.
Le système capitaliste a instauré un rapport d'exploitation plus subtil en attribuant la propriété de son travail à chacun, à charge de le négocier aux meilleures conditions. Les lois du marché fonctionnent comme une nouvelle « *volonté générale* ». Celle-ci, mieux qu'une élection, exprime les intérêts économiques immédiats des producteurs, salariés et consommateurs.

5.8 Le marché du travail est assujetti à la demande de biens qui conditionnent le niveau de l'emploi.

C'est le marché des biens qui régule la demande de travail et détermine son achat par l'entrepreneur. La situation du salarié est identique à celle du travailleur indépendant (artisan, paysan, commerçant, sous-traitant) soumis à la concurrence et aux fluctuations de la demande sur le marché. La lutte pour l'existence d'un salarié qui cherche à placer sa force de travail est aussi difficile que celle d'un producteur pour vendre sur un marché les produits de son activité. Si la sanction de l'échec est le licenciement pour le salarié, la faillite sanctionne aussi durement l'entrepreneur. Les lois de l'économie marchande sont implacables pour le salariat mais

[3] Mais doit respecter les lois qui encadrent son activité

le sont tout autant pour ceux directement confrontés à la jungle capitaliste.

5.9 Le travail étant producteur de valeur, il sera d'autant plus recherché qu'il sera rare, engendrant une forte productivité sur laquelle le capitaliste entrepreneur prélèvera une plus-value élevée.

Les exigences de la production moderne imposent un haut niveau de technicité. Le travail n'a cessé de voir sa valeur s'élever à mesure de l'augmentation de sa productivité. Il s'est généralisé comme valeur marchande puisque source essentielle de la création de la valeur.

Avec l'élévation des exigences techniques, s'est constituée une couche de salariés à hauts revenus (techniciens, ingénieurs, managers, cadres divers, etc.) dont les compétences spécialisées sont recherchées. Là où nous avions un nombre restreint de dirigeants, une faible proportion d'encadrement en regard d'une masse considérable d'ouvriers, nous assistons à un changement radical des rapports de force entre salariés. Il se crée une considérable inégalité entre eux. Il en résulte que la possession d'un savoir spécialisé de haute valeur est assimilable à un capital productif. Ainsi, les niveaux du salaire de certains cadres dirigeants sont nettement supérieurs à celui de l'artisan, du petit paysan ou commerçant. Leur haute technicité et leur rareté les mettent à l'abri des aléas du marché du travail.

5.10 L'organisation capitaliste est plus efficace du côté du consommateur car les entreprises sont placées sous le contrôle du marché.

La concurrence donne au consommateur le pouvoir de sélectionner les meilleures productions. Ainsi le libéralisme ferme-t-il la boucle de sa rationalité : le consommateur, utilisant ses revenus au mieux de ses intérêts, transmet au marché ses choix. L'entrepreneur sélectionne les meilleurs travailleurs et achète leur travail au meilleur coût pour satisfaire le consommateur qui exige le meilleur produit au meilleur prix. Nous sommes dans la même logique d'efficacité : le producteur contraint à de hauts rendements va trouver son compte comme consommateur en bénéficiant de la baisse des prix. Soumis comme producteur aux impératifs du marché, il usera à son tour de son pouvoir d'achat pour contraindre les autres vendeurs.

5.11 Basé sur l'individualisme, la recherche de l'intérêt personnel, le libéralisme doit avoir pour contrepoids une éthique de la justice et de l'intérêt collectif.

Le libéralisme pur, privé de son contrepoids naturel, tend à pousser aux extrêmes sa logique. La modernité ne peut se comprendre hors du jeu politique de balancier entre les valeurs du productivisme libéral et celles de l'éthique, entre principes de concurrence et principes de collaboration, entre le primat de l'individu et celui du commun, entre le laisser-faire du marché et la régulation étatique.

CHAPITRE 2 - LE GENIE DU CAPITALISME

1 – LE CONTRAT DE TRAVAIL ET LA CONDITION DE SALARIE.

1.1 L'action des libéraux a permis la suppression de tous les liens juridiques de sujétion (esclavage, servage) restituant à chacun la propriété des fruits de son travail.

Ces anciens liens ont été remplacés par ceux librement choisis du contrat de travail.

1.2 Le contrat de travail consiste en une aliénation volontaire de sa liberté, une acceptation de sa condition de sujet de l'entreprise.

Il n'y a plus de contrainte corporelle (esclavage) juridique (servage) ni naturelle (la tribu primitive ou l'entreprise familiale). La force de cette convention, c'est que nul n'est contraint d'accepter ce lien de dépendance. Tout un chacun peut rester son propre maître en exerçant une activité libérale autonome. Avec la démocratie du mérite, chacun peut se révolter contre sa condition de salarié et rechercher fortune par la mise en œuvre de son génie créateur ou commercial

1.3 Cependant, si en situation d'abondance de travail, les salariés peuvent choisir leur type d'activité, ils ne sont pas libres de choisir entre travail et non travail.

Cela revient à laisser le choix entre mourir de faim ou survivre. La théorie du contrat social, d'où dérive le contrat de travail, suppose qu'un individu puisse exercer une liberté sur des domaines qui échappent à l'emprise de la liberté. La contrainte biologique de survie ne relève pas de la sphère de l'autonomie individuelle mais s'impose comme impératif à l'homme.

1.4 Le contrat de travail est un contrat d'achat de marchandises classique et accessoirement il organise une relation humaine.

Le salarié comme l'employeur ne sont pas liés par une relation humaine mais par des intérêts mutuels. Ce n'est ni l'amitié, ni le souci de l'autre, de son destin, qui commande la philosophie du contrat. Ce n'est pas non plus le service d'une cause transcendante - celle de l'Etat, d'une collectivité - mais le caractère privé de la recherche du profit qui définit – en dernière analyse- la nature du contrat de travail. L'employeur n'obéit à nulle autre transcendance que celle des lois du marché, des exigences de la clientèle et des contraintes de la concurrence.
Dans un contrat commercial, chaque partie doit trouver son avantage. La recherche d'un profit est consubstantielle à la nature privée du contrat de travail. Si un salarié accepte de vendre sa force de travail, il n'est plus maître de l'usage et des profits qu'en fera son nouveau propriétaire.

1.5 La pression qui pèse sur l'entreprise est celle du marché (demande de la clientèle) mais également celle de la concurrence. Le salarié subit cette double contrainte qui constitue la loi de l'entreprise privée.

Celle-ci est fondée sur la prise de risque, l'incertitude, l'absence de sécurité. Il s'ensuit que la précarité de la firme capitaliste se répercute sur le statut du salariat : le contrat de travail lie le salarié au destin de la firme dans le provisoire. Le salarié n'obtient aucun droit définitif quant à sa survie ; son avenir de producteur dépend des aléas du marché et de la bonne gestion de l'entreprise. Le licenciement apparaît à la fois comme un acte d'autorité du chef d'entreprise et un acte de soumission aux diktats du marché. Le licenciement - dans certains cas - a pour but de sauvegarder l'entreprise, le sacrifice de quelques-uns étant justifié pour préserver l'intérêt du plus grand nombre.

1.6 Le transfert de l'entreprise aux travailleurs ne crée pas automatiquement les conditions de l'harmonie au sein du groupe de producteurs.

Cependant il supprime le lien de féodalité qui consiste en la vente de sa force de travail d'où s'impose un devoir d'obéissance au propriétaire. La propriété collective fait disparaître les fondements du pouvoir basés sur la possession privée des moyens de production. Mais l'échec du collectivisme soviétique notamment, a démontré que le remplacement d'une classe de propriétaires par une classe de bureaucrates reproduisait, souvent avec plus de rigueur, le lien de soumission, laissant perdurer l'inégalité tout en suscitant une grande inefficacité au travail.

1.7 L'entreprise capitaliste s'est substituée à la tribu, à l'organisation familiale (mode d'organisation féodal) pour accorder à l'individu les moyens de son existence physiologique et sociale.

Mais cette communauté de travail n'engage en rien la totalité du destin de l'individu pas plus que celui-ci ne se sent engagé dans le destin de l'entreprise. L'entreprise capitaliste est une association d'égoïsmes destinée à maximiser les profits qui seront distribués plus ou moins équitablement entre capitalistes et salariés d'une part et entre salariés d'autre part. Ce qui commande à l'entreprise, c'est l'esprit de compétition, la sélection des meilleurs, la récompense selon le mérite et l'exclusion des déviants. Accessoirement, l'entreprise peut

être le lieu de la rencontre et de la relation humaine, mais ce n'est pas son but essentiel.
Ce n'est donc pas l'homme dans sa totalité et complexité qui intéresse le capitaliste mais le producteur en tant que force technique strictement adaptée à l'objet de l'entreprise. L'entrepreneur n'a pas à savoir si son salarié est heureux ou malheureux mais dans quelle mesure l'état d'âme de celui-ci s'adapte aux finalités productives.
Le but premier de l'entreprise capitaliste est de maximiser la productivité du travail et l'être humain est appréhendé en tant que travailleur parfaitement adapté à cette finalité restreinte. De ce fait l'exclusion, le licenciement constituent le châtiment cruel consistant à défaire le lien qu'un individu entretient avec sa communauté de travail. Cette sanction manifeste l'indifférence à l'endroit de l'homme pris restrictivement comme travailleur.

1.8 L'homme n'a pas de droit naturel à être membre d'une communauté de travail, ce qui supposerait un devoir de solidarité de l'entreprise à son égard, mais se trouve engagé aléatoirement et provisoirement selon les besoins du chef d'entreprise et les aléas du marché.

L'entreprise libérale n'a aucun devoir de citoyenneté. Sa mission est d'organiser au mieux son corps d'armée de travailleurs pour augmenter ses profits. Elle ne participe à l'intérêt général que dans les limites permises par ses missions fondamentales dans le cadre des contraintes que lui imposent les marchés et les règlements étatiques.
L'entrepreneur se situe dans un champ de forces contradictoires entre les contraintes du marché, les exigences des actionnaires et les revendications de ses salariés.

1.9 L'entreprise capitaliste est l'institution qui marginalise toutes les formes d'inadaptation à la société.

Elle sélectionne les « meilleurs ».et laisse à la charge des services sociaux toutes sortes *« d'improductifs et d'inadaptés »*. Elle fonctionne non pas comme une institution d'intégration mais d'exclusion, conformément à sa mission de sélection de l'espèce la plus adaptée à la conquête économique. Là où le libéralisme est le plus idéologiquement rigide, des ghettos regroupent tous les pauvres, les déqualifiés, ceux qui ne développent pas un instinct de survie suffisamment virulent pour participer au combat économique.

1.10 La destruction des cadres traditionnels d'intégration et de solidarité, la disparition de l'entreprise familiale comme lieu de sécurité et d'utilité sociale, la rupture des attaches avec un groupe ou un lieu de production et de socialisation, livre le travailleur à l'entreprise libérale qui décide de son intégration dans le système productif.

Ce pouvoir exorbitant sur son prochain qui veut obtenir les moyens de sa survie et un statut social, appartient aux entrepreneurs qui choisissent ceux qu'ils incluent et ceux qu'ils excluent.
Ceux-ci sont guidés par les avantages comparatifs que telle ou telle ville, région ou pays leur accordent ; n'ayant pas de mission de service public, il leur importe peu d'ouvrir ici ou là des usines. Leur participation au développement d'une région est accidentelle, comme conséquence seconde de leur finalité première, le profit. La séparation du politique et de l'économique apparaît fondamentale pour que la cruauté de l'économique passe pour une nécessité. Les drames humains consécutifs aux fermetures d'usines sont laissés à la charge de l'Etat et des sociétés caritatives.

Le destin de la communauté locale qui l'a accueilli est indifférent. Soumise à la concurrence, à la loi de la jungle, seule importe sa survie en tant qu'entreprise, ce qui suppose le développement de sa productivité et de ses profits. La loi du marché étant sa loi, aucune contrainte ne peut l'empêcher de remplir ses objectifs. Car la sanction est immédiate : perte de la productivité, des parts de marché, chute de l'activité et au bout, nous retrouvons le cortège des fermetures d'usines et des licenciements.

2 - LE CHOMEUR N'EST PAS UNE FIGURE ACCIDENTELLE ET MALHEUREUSE DES SOCIETES INDUSTRIELLES.

2.1 Toute société doit s'inventer une zone d'exclusion pour renforcer son ordre et le recours au purgatoire du chômage est indispensable pour assurer la mobilisation du travailleur autour de l'entrepreneur.

Il n'y a pas de salut hors du contrat de travail qui est le mode principal d'accession à la socialisation. Le chômage est une condamnation prononcée en l'absence de toute faute et il appartient au chômeur, selon le mode du procès kafkaïen, d'apporter la preuve de sa culpabilité. S'il ne parvient pas à s'adapter aux principes de l'efficacité libérale c'est que les assises de sa personnalité sont viciées, ses choix existentiels erronés et sa trajectoire personnelle constituée par une accumulation de fautes stratégiques. L'autocorrection du chômeur s'effectue par le constat de son anormalité et son exclusion de la société de consommation.

L'organisation productive libérale est structurée autour de l'idée d'intériorisation de la faute, découlant du principe de responsabilité individuelle. La structure répressive ancienne, le pouvoir coercitif du maître, les sanctions diverses sont remplacées par l'autocontrainte et l'autocorrection de la faute permises par ce processus d'exclusion.

2.2 Le purgatoire du chômage n'est pas destiné à constituer une armée de réserve pour agir sur le coût du travail.

Il s'agit avant tout d'asseoir le pouvoir de l'entrepreneur pour contraindre le travailleur à accepter les règles et sujétions de l'entreprise. La soumission permet secondairement de freiner les revendications salariales : la masse de chômeurs extérieurs faisant pression sur les coûts à l'embauche.
Le volant permanent de chômeurs est l'instrument le plus sophistiqué dont dispose le libéralisme pour démontrer ses postulats, à savoir la lutte pour sa survie comme stimulant du développement économique. Le chômage est une conséquence du principe de l'insécurité de l'emploi. C'est si vrai que tout passage au libéralisme (des anciennes économies collectives) implique la suppression de cette sécurité de l'emploi.

2.3 Le génie du libéralisme est d'user des concepts de liberté, de responsabilité qui ont permis de supprimer les liens contraignants de soumission pour les remplacer par la *contrainte intériorisée,* attribuant à chacun la responsabilité de son échec, de son exclusion.

Le pouvoir de l'entrepreneur n'est plus de droit divin, n'est plus lié à un droit de classe, mais au droit d'embaucher et de licencier. *Sans crainte du chômage, il n'est pas de crainte à être licencié, sans peur du licenciement, il n'y a pas d'autorité patronale.* La terreur du chômage brise les velléités de révolte et oblige chacun à lutter pour son insertion.
Le chômage s'analyse comme une technique sociale destinée à préserver l'autorité du chef dans l'entreprise et à lutter consécutivement contre la paresse, l'irresponsabilité, la désobéissance. Lorsque le travailleur est assuré de sa survie,

l'autorité ne dispose plus de ce pouvoir de mise à mort symbolique du licenciement. On doit recourir à des techniques de motivation qui font appel davantage à l'intelligence qu'à la peur de perdre les moyens de son existence.
Rien n'est plus étranger à la philosophie libérale, rien n'est plus dangereux pour les libéraux que la sécurité de l'emploi.

2.4 L'atteinte à la dignité de l'homme lorsqu'il s'agit du travailleur, c'est d'être renvoyé à sa nullité, à son inexistence comme individu, à sa condition de salarié et à la conscience du lien de dépendance et de vassalité.

L'humiliation du travailleur, c'est d'être condamné à l'obéissance ; il ne peut en toute dignité refuser les ordres, résister aux brimades car toute révolte se heurtera au pouvoir du maître. L'humiliation suprême c'est d'obéir parce qu'il craint pour lui et pour sa famille les conséquences de son insubordination. De concession en concession, il en oublie sa liberté et intègre comme nécessaires les conditions de sa subordination. Mais il peut à tout instant reprendre sa liberté et s'exclure du salariat s'il n'en accepte pas les conditions. Tout se passe en effet comme s'il s'agissait d'une subordination volontaire qu'il peut rompre librement.

Jamais le pouvoir du patronat n'est aussi légitime qu'en période de fort chômage. La peur règne dans les rangs des salariés, il n'est nul besoin de police intérieure : la paix et l'obéissance sont obtenues dans les entreprises et jusque dans les administrations soumises à la poussée des travailleurs cherchant la sécurité de l'emploi.
Le mépris du travailleur se trouve dès l'origine inscrit dans la nature du contrat de travail qui fonde une relation d'obéissance à l'entreprise libérale. Ce qui est concédé dans ce contrat inique, c'est le droit à sa dignité qui aboutit à

remettre entre les mains d'un autre le pouvoir d'assurer sa survie.

3 - L'ETAT PROTECTEUR FACE A LA DISPARITION DES SOLIDARITES.

3.1 Le libéralisme est l'idéologie de l'individu-roi (propriétaire, consommateur, producteur) qui étend son emprise par la destruction des liens et de toutes les responsabilités vis-à-vis du collectif.

Pour les libéraux, l'homme est un être autonome qui se constitue en définissant l'espace de sa propriété privée par la délimitation de ses frontières avec les autres. Ce qui est refoulé, c'est le moi-sujet comme produit d'une construction collective et qui se *réalise* dans la relation sociale qui lui donne sens et identité.

3.2 L'homme libéral pour réaliser cette partie privée et atteindre l'autonomie totale doit se libérer de ses aliénations d'abord naturelles (par l'exploitation de la nature) puis celles découlant des autres, du groupe, de l'Etat.

L'aboutissement de ce procès de désaliénation, le rêve du libéralisme, est un individu complètement désentravé de toutes les sujétions.

3.3 C'est à l'Etat que revient le rôle d'assurer la protection et la défense de l'individu et de développer des solidarités.

L'Etat est la nécessaire contrepartie du système libéral de sélection des meilleurs et de l'indifférence de l'entreprise à l'égard de la détresse sociale. L'Etat intervient comme

assistance sociale du capitalisme pour assurer un minimum vital aux exclus, réparer ses déviances et ses dysfonctionnements et redistribuer les richesses. Pour les libéraux, la gestion collective doit d'être toujours minimale et avoir pour simple fonction de poser les règles d'un combat loyal (réglementation de la concurrence), d'assurer la police, la défense nationale et la justice.
L'appartenance à une communauté de travail - acte vital d'inscription de l'individu dans une société - est considérée comme résultant d'une volonté libre qui relève de la sphère privée. L'Etat se charge simplement de réglementer un droit du travail aussi peu contraignant que possible pour l'entreprise.

3.4 La montée de l'individualisme va de pair avec l'éloignement du groupe d'appartenance.

L'humanité préhistorique s'est constituée à l'origine en groupes unis par des liens de solidarité à la fois économiques et familiaux. La tribu a gardé cette vocation de protection, d'insertion et de solidarité économique. L'histoire politique de l'humanité s'analyse comme un regroupement croissant des différentes tribus sous l'autorité d'un roi. L'Etat moderne ne fait qu'achever ce processus de décomposition d'un lien affectif de proximité pour relier chaque individu à un groupe de plus en plus vaste. Et à mesure que l'Etat regroupe un nombre plus grand de citoyens, il devient impersonnel et technocratique.

3.5 Avec la généralisation du salariat, la quasi-disparition de l'entreprise agricole familiale, l'individu moderne ne dispose plus d'une assise de solidarité ni ne partage une aventure économique sur le mode de la proximité, de la familiarité, de l'engagement dans le destin global d'une communauté.

Le contrat de travail privé constitue l'aboutissement de ce processus de désagrégation des liens sociaux qui condamne chacun à gagner individuellement sa subsistance (pour lui et sa famille restreinte).

3.6 La dévalorisation du sens de l'Etat, du dévouement au collectif est dans la logique des idéologues libéraux.

Il est reproché aux fonctionnaires leur sécurité de l'emploi qui ne les oblige pas à travailler sous la contrainte du licenciement. Ce droit à travailler en toute quiétude, selon ses motivations est contraire à la philosophie libérale du travail qui multiplie les sanctions, précarités, punitions et récompenses pour stimuler l'ardeur à l'action.
La critique de l'Etat est le propre des libéraux les plus extrémistes qui lui opposent l'individu-roi comme maître de lui-même ayant peu de devoirs à l'endroit du commun.

4 - L'ETAT ET LA FORMATION DE LA VALEUR

4 .1 La communauté nationale ne dispose pas de l'assise essentielle du pouvoir de toute communauté à savoir la puissance économique pour se constituer réellement en communauté.

L'Etat libéral doit prélever sur le secteur privé une partie de la valeur produite pour rémunérer ses fonctionnaires. Seule l'économie marchande est productrice de valeur, ce qui conduit à la dévalorisation de l'activité publique, à ne pas considérer le travail des fonctionnaires comme productif.
Cette dépendance économique restreint les missions de l'Etat : l'impôt est perçu comme une contrainte insupportable devant être minimisée. L'impôt en régime libéral n'est pas vécu comme un devoir communautaire mais comme un prélèvement sur ses biens. Dans une société entièrement

marchandisée, le citoyen exige une contrepartie immédiate à sa dépense et qu'à toute sortie d'argent corresponde un bien ou un service rendu.

4.2 L'asservissement de l'Etat au pouvoir économique a pour origine le mode de formation de la valeur.

Les finances de l'Etat proviennent d'un prélèvement sur les valeurs produites par le secteur marchand qui détient un pouvoir de résistance sur le développement des activités collectives. Ainsi, la production de gadgets est-elle permise puisque débouchant sur le marché alors même que l'on restreint la satisfaction des besoins collectifs (santé, éducation, etc.). Les difficultés du service public sont dues à l'absence de moyens accordés par le secteur marchand.

4.3 Le secteur marchand, seul producteur de la valeur, va étendre ses pouvoirs sur de plus en plus de domaines collectifs.

L'entreprise marchande va prendre pied dans tous les secteurs culturels (information, télévision, cinéma), dans l'art, le sport, etc. La publicité va s'insinuer dans les espaces réels et imaginaires pour glorifier la marchandise, le consommateur et l'individualisme-roi. Il y a peu de secteurs d'activité qui échappent à la logique de la marchandise.

4.4 Le libéralisme accomplit le transfert de la volonté générale du citoyen au consommateur.

Lorsqu'il y a transfert de la propriété de l'Etat au privé, c'est le citoyen qui est dépossédé. De fait, le pouvoir politique du citoyen s'amenuise au profit de son pouvoir sur le marché. Il exercera moins de contrôle *politique* mais plus de contrôle sur sa consommation en tant qu'acheteur. Il y a *pour partie*

transfert de la volonté générale politique des citoyens à celle du marché.
La dépolitisation est la règle des sociétés industrielles : le citoyen attend de moins en moins du politique, et de plus en plus du chef d'entreprise (pour obtenir un salaire) ou de l'hypermarché (pour obtenir ses produits).

4.5 Le libéralisme est devenu totalitaire en ayant soumis le plus grand nombre des activités humaines à la domination des lois du marché.

C'est la vision du monde la plus impériale de l'histoire humaine en ce qu'elle n'autorise plus les différences et contraint tous les peuples à l'uniformisation : sur toute la planète va régner un même mode de produire, de consommer, d'habiter, de voyager, etc.

4.6 Deux valeurs à la base de la motivation de l'action humaine structurent la vie politique depuis l'avènement de la démocratie :

Celle du dévouement à la cause publique et celle des profits personnels escomptés par son travail ou son entreprise. Socialisme et libéralisme s'enracinent sur cette division idéologique entre l'intérêt du groupe et celui de l'individu.

5 - LE DOMAINE QUASI ILLIMITE DE L'ECHANGE MARCHAND

5.1 L'échange marchand a vocation à s'étendre à la plupart des échanges et types de consommation.

Il présente cette vertu de servir au mieux les désirs des consommateurs. Il importe peu à certains fonctionnaires d'avoir dix usagers de plus, cela représente une charge de

travail supplémentaire. Au contraire pour un entrepreneur privé, il s'agit de dix clients qu'il importe de garder pour les profits de son entreprise.
Le libéralisme va jouer sur l'insécurité de l'emploi et le désir de profit pour atteindre au maximum d'efficacité dans la satisfaction des besoins du client. Lorsque la déshumanisation du service public, l'adaptation de ses techniques de gestion le rapprochent du secteur privé, il apparaît naturel que ce glissement conduise à sa privatisation.

5.2 La frontière entre l'intérêt général et privé est difficile à établir.

Une grève des transports routiers montre que cette fonction est aussi utile à la collectivité que le transport de voyageurs assuré par une entreprise de service public (SNCF). On peut affirmer qu'un boulanger communal est tout aussi indispensable à la vie de la collectivité que le service des ordures ménagères ou de la police municipale. On constate que de nombreuses activités, même exercées à titre privées, participent de l'intérêt général.
Cette notion d'intérêt général relève de choix idéologiques car la grande majorité des prestations pourrait être assurée par un service privé.

5.3 Relèverait du service public stricto sensu, la prestation qui ne peut faire l'objet de la fixation d'un coût et d'une facturation individualisée : l'armée, la police, la justice, l'éclairage public, l'usage de la chaussée et des trottoirs, etc.

Mais il est possible que certaines activités traditionnelles soient concédées au secteur privé (armée de mercenaires, police privée, gestion des prisons, péages routiers, etc.). De fait, il existe peu d'activités non privatisables.

5.4 L'idée fondamentale des libéraux est que chacun doit payer l'exacte proportion de ce qu'il consomme.

Le juge de l'efficacité collective est le marché qui signale très exactement la nature des besoins, leur urgence et importance et surtout leur coût. Pourquoi subventionner des activités qui fonctionnent à perte, c'est-à-dire dont la gestion est inefficace ou la clientèle insuffisante ? N'est-ce pas la preuve que leur offre ne convient pas à la clientèle ? Il est plus simple d'accorder des allocations aux usagers défavorisés que des subventions aux entreprises publiques. Ainsi, un service public de l'éducation n'a, en stricte raison économique, aucune justification : il suffira d'accorder des bourses aux familles défavorisées pour payer les droits d'entrée.

5.5 Le service public se justifie par trois raisons :

1) Il prend en charge des activités non rentables ou délaissées par l'initiative privée
Or une activité non rentable est soit mal gérée soit destinée à être consommée de façon restreinte. Si une piscine municipale est peu fréquentée la rentabilité sociale de l'investissement est moindre, il y a gaspillage des fonds publics ; De plus, ceux qui ne consomment pas paient pour les rares utilisateurs.

2) Il permet l'égalité de tous les usagers (le coût d'une lettre distribuée à la campagne est le même qu'en ville)
Or la collectivité peut accorder certaines obligations de service public tout en concédant l'activité au secteur privé. En outre le secteur privé peut satisfaire les demandes non rentables en les rendant productives (hausse des prix) ; la puissance publique peut aussi compenser ces inconvénients en accordant des subventions aux citoyens désavantagés.

3) La gestion privée est moins efficace pour satisfaire certains besoins sociaux.
Or il n'est nullement prouvé que l'enseignement privé soit moins efficace que l'enseignement public ni que le secteur public n'ait la vocation naturelle de mieux satisfaire les besoins sociaux. Les écoles et hôpitaux privés, les entreprises de transports, de distribution de l'eau etc. peuvent fournir des services de haute qualité à partir du moment où la concurrence et la recherche du profit les obligent à se perfectionner.

5.6 Par nature, le capitalisme peut satisfaire n'importe quel type de besoin :

Les limites du libéralisme ne sont pas connues pas plus que sa capacité à s'immiscer dans tous les pores de la société. Sa logique est celle du consommateur-roi, seul habilité à définir démocratiquement son intérêt. Quel que soit le revenu disponible il pourra toujours servir une prestation correspondante, dès qu'il y a perspective de profit. Il n'y a aucune raison de refuser l'application de la loi du consommateur au choix de son école ou de son hôpital et de l'accorder pour le choix de son restaurant ou de son coiffeur.

5.7 Le service public qui se soumet à la logique du marché est une entreprise de type capitaliste affublée de quelques missions non rentables d'intérêt national.

On peut sans trouble les privatiser puisque les critères de la gestion libérale organisent déjà sa production. Une entreprise qui obéit à la loi du marché est contrainte d'aller jusqu'au bout de cette logique : seule la baisse des coûts de production (par la réduction de personnel notamment) permet la baisse des prix pour faire face à la concurrence.

Face à la logique démocratique du capitalisme qui baisse les prix pour élargir la demande, les défenseurs des services publics se condamnent à la préservation des avantages acquis au détriment des consommateurs.

Une économie dont les entreprises appartiendraient à l'Etat peut parfaitement fonctionner sur le mode libéral si elles sont soumises aux lois de la concurrence, à la fixation des prix sur le marché, si faillites et licenciements sanctionnent l'inobservation des règles de la compétition. L'important est de maintenir intacts les stimulants productivistes : désirs de profits, concurrence entre tous et insécurisation des producteurs.

Une entreprise publique peut être plus efficace qu'une entreprise privée non par sa nature propre mais parce qu'elle met en œuvre des techniques de gestion adaptées à sa finalité : produire au meilleur coût en satisfaisant sa clientèle.

CHAPITRE 3 - SOCIETE MARCHANDE ET SOCIETE CAPITALISTE

1- ORIGINE DE LA SOCIETE MARCHANDE

1.1 La valeur d'échange se mesure par la monnaie qui détermine la proportion selon laquelle les marchandises s'échangent entre elles.

A l'inverse, la valeur d'usage échappe à l'ordre monétaire : c'est l'utilité subjective d'une chose, ses qualités propres destinées à satisfaire un besoin. La valeur d'usage va constituer le soubassement subjectif de la valeur d'échange (opposable à tous) représentée par la monnaie. L'utilité subjective acquiert un statut d'universalité lorsque son substrat matériel est abstrait pour être transmutée par la mathématique monétaire en valeur marchande.

1.2 Nous pouvons distinguer trois modes essentiels dans le fonctionnement de la valeur d'usage :

1) La consommation propre ou par ses proches dans une communauté solidaire où ne règne pas l'échange monétaire (famille, tribu).
2) Les biens d'usage libre (l'air, parfois l'eau, certains espaces) consommés gratuitement.
3) La satisfaction d'un besoin par l'achat d'une marchandise. Les productions marchandes ayant pour fonction de satisfaire un besoin subjectif.

Les deux premiers cas sont hors de l'échange marchand : il faut un changement de la nature de l'échange pour que celui-ci devienne monétaire. Nous assistons à une rupture décisive dans la finalité de la production quand le produire pour soi ou pour les siens devient un produire pour l'autre qui est désormais exclut des gratuités, des services mutuels et dons communautaires.

1.3 Si on doit évaluer un travail, il faut se doter d'un instrument qui ait les deux caractères de mesure et d'échange.

Le recours à la monnaie s'impose naturellement. Que cet instrument se constitue par la suite en entité autonome abstraite, qu'il s'institue en objet de puissance, cela n'est que la conséquence du passage d'une économie autarcique sans transactions monétaires à une société d'échanges généralisés qui est contrainte de mesurer ces échanges au moyen d'une monnaie de plus en plus abondante.

1.4 Ce qui va déterminer la valeur du travail, ce n'est pas tant la quantité de travail conservée dans une marchandise, mais la situation respective sur le marché des acheteurs et vendeurs.

La valeur du travail se fixe en fonction du temps social moyen mais dépend AUSSI de l'appréciation de sa valeur par un autre.
Si le travailleur B échange 1 heure de sa valeur- travail contre 2 heures de la valeur-travail de A, le travail de B vaut deux fois celui de A. Le mécanisme d'échange marchand le plus simple structure déjà l'espace où vont naître les inégalités. Cette valeur résulte d'un rapport de force et d'une négociation entre les besoins des acheteurs et vendeurs. Cette valeur dépend également de l'utilité et de l'abondance des produits, selon les lois classiques du marché. Il n'y a aucun rapport entre le prix des truffes et la quantité de travail nécessaire à leur ramassage. C'est rétroactivement, une fois la transaction effectuée qu'on connaîtra la valeur du travail. On ne peut expliquer pourquoi un tableau de Picasso contient

une valeur marchande sans aucun rapport avec le nombre d'heures travaillées pour le produire. Si l'origine de toute valeur effectivement se trouve dans le travail, la fixation mathématique de celui-ci se fixera dans l'échange.

1.5 La grande rupture est celle qui effectue le passage les économies d'autarcie et de gratuité à celle qui mesure les efforts et les mérites de chacun.

Dans la communauté primitive et dans la famille, il n'est pas reconnu de pouvoir sur les produits de son travail et par conséquent un droit de propriété sur celui-ci. Il n'y a pas de mesure de la valeur de l'effort pour recevoir en contrepartie une rémunération. La production primitive, l'économie du don se situent en dehors de toute idée de mesure de l'effort et de récompense proportionnée aux mérites. Pour que l'échange marchand s'instaure, il faut que le lien communautaire originel s'absente, il faut que l'indépendance du producteur se fasse en rupture avec cette communauté.

Pour obtenir cette mesure, il faut définir un individu séparé du groupe, reconnaître des droits sur son travail, l'ériger en homme libre. Le droit de propriété individuel sur les biens a pour contrepartie la reconnaissance de la propriété sur son travail. Le serf n'était pas libre de disposer de lui-même et n'avait pas la propriété des produits de son travail. Aujourd'hui, le travailleur EST sa propriété. Le droit de propriété du capitaliste sur sa richesse est de même nature que celle de l'ouvrier sur son travail : il s'agit d'une différence quantitative et non d'essence.
Aussi, la nouvelle communauté libérale va se définir comme une coexistence de travailleurs-propriétaires qui vont échanger entre eux.

1.6 Puisque le travailleur est propriétaire de son travail, il détient le droit d'en exiger le plus haut prix sur le marché.

L'essence de l'économie marchande consiste à ne pas produire pour soi des valeurs subjectives d'usage mais à produire pour l'Autre des valeurs objectives d'échange. Aussi, l'échange peut être inégal entre producteurs indépendants en dehors de toute relation d'exploitation capitaliste. C'est l'Autre qui fixe la valeur du travail lorsque celui-ci est offert sur un marché sous forme de marchandise : l'inégalité est consubstantielle à l'échange.

Il y a naissance de l'économie marchande dès qu'est reconnu un droit personnel sur les produits de son travail et la possibilité d'échanges sur un marché. Il y a économie marchande dès qu'on sort du système d'échanges gratuits, dès qu'il y a mesure des utilités échangées, ce qui établit une relation commerciale entre partenaires étrangers. En ce sens, on ne saurait dater l'acte de naissance du rapport marchand qui a pu exister dans l'histoire dans des proportions différentes selon les sociétés.

2 - SOCIETE MARCHANDE ET SOCIETE CAPITALISTE

2.1 Il y a société marchande lorsque qu'il y a mesure de la valeur des marchandises échangées, il y a naissance de la société capitaliste quand le travail est acheté en tant que tel afin de produire des marchandises qui seront revendues en prélevant une plus-value.

Dans la société marchande, il n'y a pas d'exploitation directe du travail, le producteur garde un droit de propriété sur son œuvre qu'il transforme en marchandises. Il en est ainsi des petits paysans et artisans qui vendent le produit de leur activité. Dans le capitalisme, le travailleur reste juridiquement propriétaire de sa force de travail mais vend le produit de celle-ci. A la différence du travailleur indépendant, le salarié n'est jamais propriétaire de sa production mais in fine la situation est identique puisque la destination du travail est la marchandise. D'une façon générale, une marchandise appartient provisoirement à son producteur mais son statut ne relève pas du droit de propriété classique puisqu'elle est destinée à la jouissance de l'acheteur.

A la différence du travailleur indépendant qui est propriétaire des produits de son travail jusqu'à son aliénation sur le marché, le salarié est au cœur d'une contradiction : il est propriétaire de sa force de travail mais il « vend » quasi instantanément sa production au capitaliste. Dans les deux hypothèses, qu'il s'agisse d'achat direct d'une marchandise ou indirect par l'achat d'une force de travail, l'acheteur est libre de revendre cette marchandise avec profit. Le capitaliste peut ainsi tirer profit de la valeur produite par le travail du salarié. Cette plus-value sur le travail est du même type que le profit réalisé par la revente d'une production d'un travailleur indépendant. Il n'y a pas de *différence d'essence* entre acheter une force de travail au moyen d'un salaire et acheter une marchandise contenant le travail d'un producteur indépendant.

2.2 Le capitalisme s'analyse comme une relation commerciale classique consistant à acheter le moins cher possible un objet produit par un salarié pour le revendre avec bénéfices (à cette différence que le capitaliste met à la disposition du producteur les moyens pour fabriquer cet objet).

Dans un cas, la vente des produits de son travail s'effectue sur un marché des biens, dans l'autre le capitaliste achète une force productive sur le marché du travail. Dans les deux situations, la finalité est de produire pour l'autre afin de retirer des profits pour soi.

2.3 Il n'y pas de différence d'essence entre société marchande et société capitaliste, mais l'une conduit tout naturellement à l'autre.

On peut acheter du travail directement par l'emploi d'un salarié ou indirectement en se portant acquéreur du produit d'un travailleur indépendant. Dans l'un et l'autre cas, la vente des produits du travail permet d'obtenir des profits. Dans l'un et l'autre cas, la destination du travail est la marchandise dont le prix se fixe sur le marché. Le développement du capitalisme a pu s'effectuer par élimination progressive des travailleurs indépendants, par l'achat direct de la force de travail, la concentration des salariés dans des manufactures, la maîtrise du processus de production et la vente directe sur un marché.
Le capitaliste s'insère dans cet espace de transaction entre acheteurs et vendeurs, lequel achète de la force de travail *avant* la production de marchandises.

2.4 Il n'y a pas de différence d'essence entre le fait de vendre directement le produit de son travail sur un marché et le vendre à un capitaliste en échange d'un salaire.

Si chacun devient propriétaire de sa force de travail et des moyens de production pour autant l'inégalité entre travailleurs ne disparaitra pas. Dans la vente directe l'acheteur peut acquérir à moindre prix le travail contenu dans une marchandise. Ainsi, les sociétés coloniales ont acheté à vil prix des produits à des travailleurs indigènes sans qu'une relation d'exploitation de type salariale soit établie.

L'exploitation capitaliste n'est pas née de la création de manufactures mais de l'extension de la production pour l'Autre, du passage de l'économie autarcique à l'économie d'échange. Dans les fermes antérieurement à la manufacture, des artisans drapiers fournissaient le marché par l'intermédiaire de revendeurs : la manufacture a regroupé ces indépendants en les salariant. Ils vendent désormais les produits de leur travail à un patron et non plus sur un marché. Rien n'est changé au fond quant à la marchandisation du travail humain.

2.5 Acheter une marchandise, c'est acheter du travail. La loi du marché impose d'attribuer une moindre valeur au travail d'autrui contenu dans cette marchandise.

Conformément à cette loi, l'entrepreneur capitaliste achète le travail au coût le plus bas. La finalité du travail qui est de travailler pour l'Autre afin d'acquérir des valeurs d'échange attribue automatiquement à celui-ci le statut de marchandise. Dans ce contexte, on ne saurait distinguer l'humanisme du travailleur de l'inhumanité du système marchand. Le travail qui ne produit pas de valeurs marchandes utiles pour l'Autre ne vaut *rien*.

2.6 L'inégalité sociale découle du principe de division des tâches qui impose de travailler pour l'autre afin d'obtenir par l'échange ses moyens de subsistance.

La relation d'exploitation capitaliste se développe au cœur de la relation marchande et y trouve un terrain propice : la société marchande engendre l'ordre capitaliste et non l'inverse. La relation marchande est plus vaste que la seule relation capital-travail et l'englobe comme l'une de ses modalités. La relation marchande secrète le désir de profit, la volonté de négocier au plus haut prix la valeur des produits de son travail, d'exploiter sa position dominante, etc. Le règne de la marchandise s'est installé dès l'instant où le travail est devenu une force rémunérée et qu'il ne s'agissait plus d'œuvrer pour soi, pour les siens, qu'il fallait se spécialiser pour produire un surplus, entrer dans un marché de plus en plus vaste.

Chacun, devenu propriétaire de sa force de travail, doit travailler pour l'Autre dans le cadre de la division des tâches. Il y a généralisation de la forme marchandise s'imposant dans tous les rapports sociaux.

Il y a création de marchandises dès que le travail prend une valeur, dès qu'il se mesure en termes monétaires. Le travail ne peut quitter la sphère de la marchandise et du calcul de la valeur que s'il est gratuit. La relation marchande qui s'instaure lors de la vente de son travail, qu'elle soit juste ou non, a pour négation la relation d'échanges gratuits. Dans la situation de gratuité disparaît la notion de valeur et tout calcul coûts/avantages à partir duquel se mesure la justice de la transaction et le taux d'exploitation.

2.7 Le développement de la société marchande (qui est le résultat d'une scission croissante entre producteurs et consommateurs) marque le passage d'une société relativement autarcique d'auto production (pour soi, pour le groupe solidaire) à une société d'échanges généralisés.

La valeur d'usage se transforme en valeur d'échange puisqu'on ne produit plus rien pour soi mais tout pour l'échange. Cela suppose que l'objet produit n'a aucune utilité pour soi, d'où la tendance à entretenir un rapport d'étrangeté à l'endroit de sa propre production.

L'une des causes de la souffrance du travail c'est de devoir œuvrer pour un inconnu, ce qui dévalorise quelque peu la finalité du travail. Celui-ci prend davantage de sens s'il est destiné à Autrui dont le visage est familier, auquel on est relié par une attache affective. Dans la production de masse, le visage de l'Autre s'absente complètement et le profit-pour-soi apparaît comme la seule compensation. Le destinataire sera traité comme une marchandise interchangeable et n'aura d'intérêt que comme source de revenus.

3 - L'EXPLOITATION DU TRAVAIL

3.1 Un exploiteur c'est celui qui tire un profit injustifié du travail d'autrui.

Cette exploitation peut résulter de conquêtes militaires : le travail de l'esclave appartient au maître. Ce droit du plus fort se manifeste aussi par les prélèvements des récoltes, de taxes abusives, de la confiscation des terres, etc. Elle peut également résulter de la possession d'une terre (servage, métayage, fermage) mais également des moyens techniques de production (salariat), d'un capital (rentes, intérêts), ou d'une situation privilégiée (bureaucratie d'Etat).
Mais la relation d'exploitation peut également s'introduire dans le rapport commercial : achat à moindre coût de marchandises, abus d'une position dominante, et d'une façon générale dans l'instauration d'une situation d'inégalité entre vendeurs et acheteurs. Le trappeur qui cède à vil prix ses fourrures à une société coloniale, l'agriculteur contraint d'accepter les conditions des centrales d'achat, ne sont pas moins exploités qu'un ouvrier dont on extorque la plus-value.

3.2 Il existe cinq destinations du travail :

1) produire pour soi, pour les siens, pour la communauté.
2) vendre directement le produit de son travail sur le marché des biens.
3) Vendre sa force de travail à un « exploitant » qui revend le produit sur le marché.
4) Prélèvement par le dominant d'une part des revenus (servage, taxation, métayage, fermage, concession, gérance, etc.).
5) Prélèvement de la totalité des produits du travail (esclavage).

Seule la forme première, le produire pour soi, semble exclure toute possibilité d'exploitation du travail. Toutes ces formes ont existé et coexisté dans l'histoire selon des proportions diverses entre elles.

3.3 L'exploitation du travail humain peut recouvrir de nombreuses situations mais n'est pas consécutif à l'établissement d'un lien de contrainte et de dépendance comme dans l'esclavage ou le servage.

L'exploitation de l'un par l'autre peut exister sans capital lorsqu'une partie de la cueillette est prélevée sur le travail ou par une société de service sans base technique. Ici, l'entrepreneur « exploite » directement le travail sans capital, sans être possesseur des moyens de production.

Le statut du salarié est celui d'un homme libre qui dispose comme il l'entend de l'usage de son travail. Il est alors parfaitement assimilable aux statuts de l'artisan indépendant et du paysan à cette différence essentielle que l'artisan et le paysan sont propriétaires ou locataires de leurs moyens de production (outils, terre, capital fixe et circulant).

Cependant, si le salarié abdique une part de sa liberté en contrepartie d'une sécurité - relative - dans l'obtention des moyens de sa subsistance, le travailleur indépendant doit se placer sous la subordination du marché et de ses fluctuations. L'histoire est jalonnée de révolte de paysans et d'artisans exploités selon des modes divers (taxes, prélèvements autoritaires, etc.), victimes des fluctuations des cours, des positions de monopole des acheteurs. A la longue liste des révoltes des esclaves, des serfs, des ouvriers, il faut rajouter celle des paysans, des travailleurs indépendants, victimes d'une exploitation de leur force de travail.

3.4 Il s'agirait d'écrire une histoire de l'injustice subie par toutes les catégories sociales ayant été victimes de l'exploitation et pas seulement de la classe ouvrière érigée en martyre.

On aurait pu éviter l'exclusion du « devenir historique » des petits paysans et artisans et leur élimination physique sous le régime stalinien.
A noter qu'au XVIIème siècle, beaucoup d'ouvriers étaient des paysans et beaucoup de paysans possédaient au moins un lopin de terre. La plupart des salariés étaient payés pour une large part en nature. Même sous le joug du seigneur féodal, le serf ne pouvait pas, sauf faute grave, être arraché à sa terre. La condition du salarié moderne est donc bien pire, *sur ce point*, que celle des paysans des temps anciens : le chômage peut le priver des moyens de sa survie.

3.5 Le travail étant producteur de valeur, il sera recherché lorsqu'il va être rare, et susceptible d'engendrer une forte productivité sur laquelle l'entrepreneur prélèvera une plus-value élevée.

Avec l'élévation des exigences techniques, s'est constituée une couche de salariés (techniciens, ingénieurs, managers, cadres divers, etc.) dont la valeur du savoir technique est élevée et dont les compétences sont recherchées. Auparavant, nous avions un nombre restreint de dirigeants, une faible proportion d'encadrement et d'ouvriers spécialisés mais une masse considérable d'ouvriers et de manœuvres. Nous assistons à un changement radical des rapports de force entre salariés et un creusement considérable des inégalités entre eux. La possession d'un savoir spécialisé de haute valeur est assimilable à la possession d'un capital productif. Ainsi, les niveaux de salaire de certains cadres dirigeants sont parfois supérieurs à ceux du petit artisan, du petit paysan ou commerçant. Leur haute technicité, leur rareté les mettent à l'abri des aléas du marché du travail.

4 - GENERALISATION DE LA FORME MARCHANDE

4.1 L'essence de la relation marchande c'est l'instauration dans la relation humaine d'un rapport de calcul de la valeur à échanger.

Pour cela, il est nécessaire que l'autre devienne un étranger, que s'absente l'interdit du profit, du bénéfice tiré sur l'autre. Il ne faut pas que s'établissent des liens affectifs entre acheteurs et vendeurs que risquerait de briser le constat d'un échange inégal. La relation marchande est fondée sur la recherche de son intérêt personnel sans tenir compte de celui d'autrui. C'est l'instauration d'un rapport où s'évaluent les coûts et avantages respectifs.

4.2 La société capitaliste a généralisé l'échange marchand ce qui suppose la vente du travail des salariés au plus haut prix et à revendiquer toujours plus de salaires tout en

réclamant d'acheter les produits du travail des autres toujours moins cher.

Le prélèvement de la plus-value sera compris entre deux limites : celle de l'exploitation socialement permise du travailleur, celle de l'état du rapport de force entre offreurs et demandeurs de biens. Cette plus-value n'est qu'une excroissance de la relation marchande qui met en jeu des partenaires concurrents attachés à retirer profit dans la transaction. Si l'extorsion du profit n'était pas le fait d'une classe d'entrepreneurs, si tous les travailleurs pouvaient librement échanger leur production, la relation marchande serait simplement généralisée ; l'ordre marchand se donnerait ouvertement pour ce qu'il est : un système où chacun cherche à retirer des avantages de son commerce avec l'autre.

4.3 Cependant, la relation marchande peut être équitable : chacun considère qu'il a retiré un profit correspondant à son investissement dans le produit. Il en va de même dans la relation entre vendeurs et acheteurs d'une force de travail, dans les relations patrons/salariés.

Il n'empêche que la relation demeure dans son essence marchande fondée sur le calcul coûts/avantages : si l'un des échangistes ne trouve pas d'intérêt à l'échange de son bien, il en privera l'autre qui en avait cependant besoin. Ce qui est recherché dans la transaction marchande, c'est effectivement son intérêt et non celui de l'Autre. C'est une confrontation entre deux subjectivités calculantes.

4.4 Il existe une complicité subie entre le salariat et l'ordre social marchand puisque le statut de salarié est l'un de ses composants.

La revendication de toujours plus de valeur pour son travail s'inscrit dans l'espace philosophique d'une économie marchande où chacun cherche à maximiser ses profits.
La relation marchande privilégie certains comportements parmi ceux qui constituent la nature humaine. S'agissant des salariés, on ne peut espérer nulle générosité qui dériverait de ce statut d'exploité. L'exploitation, si elle doit être dénoncée, n'attribue pas à celui qui la subit des vertus particulières sans autre exigence de plus grande perfectibilité.
La critique de l'ordre marchand ne saurait épargner ceux qui parviennent à tirer un plus haut prix de leur travail, avantages et privilèges. Vendre plus cher à un autre salarié-consommateur son travail revient à introduire entre salariés un rapport d'exploitation. Lorsqu'un travailleur européen échange une heure de travail contre 50 heures d'un ouvrier congolais, il s'agit d'un achat à moindre coût du travail d'un autre. Cette relation d'exploitation n'est pas essentiellement différente de celle qui relie le capital au travail. Il peut également le réduire au chômage en refusant d'acheter sa production puisqu'il choisit dans son intérêt le meilleur produit comme l'entrepreneur sélectionne les salariés les plus aptes.

4.5 Puisque la revendication du plus haut prix pour mettre en œuvre son capital-travail est permise par la relation marchande, alors les plus dynamiques et les mieux situés dans les circuits de production vont se constituer en groupes de pression pour établir un rapport de force favorable à leurs revendications par définition légitimes.

Se créeront des citadelles de privilégiés, des situations d'inégalités entre vendeurs de force de travail ; Celles-ci seront moins imputables à l'action des patrons capitalistes que la résultante des lois de la vente du capital-travail et de la position stratégique d'une corporation dans la satisfaction des besoins d'une collectivité. La possibilité d'obtenir satisfaction par la grève est plus assurée pour les cheminots qui peuvent paralyser un pays ou pour les médecins qui disposent d'une position de pouvoir dans la société que pour une femme de ménage solitaire.

4.6 La définition d'un ordre d'égalité entre salariés, d'un principe de justice entre tous les travailleurs est donc un préalable à la critique de l'exploitation capitaliste. Aucun groupe de salariés ne devrait arracher un avantage que les autres ne pourraient obtenir.

Les inégalités suscitées par le capitalisme ne font que dissimuler une autre inégalité entre salariés. Nous admettons que l'heure de travail d'un ingénieur, d'un banquier vaut dix fois celle d'un manœuvre payé au smic. Nous acceptons implicitement une hiérarchie des capacités entre travailleurs selon l'idée que chacun doit recevoir l'exacte contrepartie de ses mérites. Si les mérites sont très grands, il est normal que la rémunération soit très élevée. Consécutivement, il ne parait y avoir de limite inférieure et supérieure à cette échelle sociale du mérite. Il n'y a aucune raison de limiter les revenus des entrepreneurs capitalistes puisque leurs hauts revenus prouvent leur talent.

Dans ce jeu marchand collectif, il va s'en trouver certains plus habiles que d'autres pour s'enrichir davantage. A l'inverse, nous rencontrons des travailleurs indépendants, des petits capitalistes qui ont des revenus bien moindres que certains salariés. On constate donc que la ligne de clivage entre classes, les espaces d'injustice, qui ont fondé toute l'histoire politique de ces siècles derniers, ne sont pas aussi simples comme supposent les analyses marxistes et socialistes.

4.7 Ce n'est pas la disparition seule de l'exploitation capitaliste qui rétablira l'homme dans un rapport de relative égalité avec son prochain : cette exploitation peut bien disparaître, l'essence propre de la relation marchande n'en demeurera pas moins avec ses inégalités consécutives.

Selon les analyses marxistes, le salarié serait par essence victime d'une exploitation déduite naturellement de son statut sans participer pour sa part, d'une relation d'exploitation plus globale. A la différence de l'exploitation directe, le consommateur des pays riches n'achète pas directement le travail qui est contenu dans une marchandise. Il ne prélèvera pas de plus-value mais extraira simplement cette plus-value en échangeant plus chèrement son heure de travail.
Quand le salarié se transforme en consommateur, il cherchera à acheter le travail de l'autre au plus bas prix. Et s'il refuse d'acheter tel ou tel produit, il n'aura aucun remords de savoir qu'il condamne au chômage d'autres salariés. Il n'aura pas plus de moralité que l'entrepreneur capitaliste qui achètera du salaire au plus bas prix pour le revendre au plus haut. Celui-ci n'aura non plus aucun cas de conscience lorsqu'il sélectionnera les meilleurs travailleurs en rejetant les moins aptes au chômage.

4.8 Ainsi, tous les membres des sociétés marchandes se trouvent en accord avec la moralité issue de l'application des lois du marché réglementant les relations entre commerçants.

Le produit échangé dans la relation marchande peut donc provenir du travail de l'esclave, du serf ou du salarié. Les modalités juridiques de l'exploitation du travail peuvent varier, mais la transformation du travail en marchandise implique l'instauration du calcul de la valeur à partir duquel injustices et exploitations sont permises.

5 - LA LOGIQUE DE LA DIVISION DU TRAVAIL

5.1 Le progrès des sciences et des techniques a permis l'augmentation des échanges, l'élargissement des conquêtes territoriales, la mise en communication de l'ensemble des peuples de la planète. La production spécialisée, tout à la fois cause et conséquence de la relation marchande, s'est donc accélérée en proportion de l'élargissement des relations inter peuples et de l'ouverture des marchés.

Ce mouvement concomitant de spécialisation, de production consécutive de surplus et d'agrandissement des marchés a élargi la scission entre producteurs et consommateurs et étendu la sphère de la consommation marchande. On ne produit plus rien pour soi (pour les siens, pour sa communauté, pour le troc de voisinage) et tout pour les autres.

5.2 La société marchande est l'organisation qui sépare le producteur du consommateur, le temps et le lieu de la production de celui de la consommation.

Cette séparation physique (celui qui produit n'est pas celui qui vend ni qui consomme) temporelle et spatiale (produire pour l'extérieur, exporter) suppose que la valeur produite puisse être conservée et la monnaie joue ce rôle de mémoire en maintenant un lien de propriété sur l'objet produit.

L'échange marchand présente trois avantages :

1) Permettre d'acquérir ce qu'un homme est incapable de fabriquer ou un bien qu'il ne possède pas sur son propre sol (matières premières, produits exotiques, etc.).
2) Permet d'acheter un bien fabriqué par un autre qui serait plus coûteux de produire soi-même et vendre un bien à un autre qui serait plus coûteux de produire lui-même (principe de la spécialisation individuelle et internationale)
3) Différer dans le temps l'acte de production et d'achat en retour par la conservation de la valeur-travail dans la monnaie.

Schématiquement, le commerce a commencé par les biens dont un groupe ne disposait pas sur son territoire ; Actuellement, les pays les plus riches exportent principalement de biens manufacturés à haute valeur ajoutée et importent certains produits agricoles et matières premières non transformés.

5.3 L'aboutissement de la spécialisation conduit à ce qu'un groupe d'hommes, un pays, détiennent le monopole de la production d'un bien donné, sur un plan local, national puis international.

La division du travail comporte son revers : la spécialisation peut s'analyser comme une expropriation du droit de produire pour soi. Elle oblige chacun à produire quelque chose d'autre selon les normes de la productivité en vigueur internationalement. C'est une organisation du travail qui condamne à innover ou à disparaître du marché de l'échange. Cela suppose que la concurrence porte sur l'originalité du produit (nouveau produit), sur sa performance (améliorations techniques) et enfin sur les coûts de production. Lorsqu'il existe un monopole pour certains biens au profit de pays dominants spécialisés, le reste de l'humanité se condamne soit à produire autre chose, soit à agir sur les coûts en accordant des salaires de très bas. Mais la conséquence du principe de spécialisation conduit à l'impossibilité de produire pour soi un bien courant (mon pain, ma maison, mon alimentation) si on ne parvient pas à s'inscrire dans la division du travail nationale ou internationale.

5.4 Ce n'est plus seulement des individus que l'on exclut du système productif, ce sont des villages, des villes, des régions, des pays entiers. La production " *pour l'autre* " se transforme en production " *à la place de l'autre* ".

Le principe d'intégration d'une production dans le marché national puis mondial suppose que celle-ci se conforme aux critères de productivité (et donc d'organisation du travail), de normes de qualité et d'originalité. Lorsqu'un producteur se spécialise pour produire à ma place le bien dont j'ai besoin, je dois à mon tour me spécialiser pour produire un bien en échange.

Supposons une petite communauté close ou chaque production fait l'objet d'une appropriation par des spécialistes ayant atteint le plus haut niveau de productivité du travail tel qu'aucun travailleur supplémentaire n'est requis. Ces travailleurs spécialisés vont échanger entre eux leur production en condamnant les autres à produire un bien original pour entrer dans l'échange. Si le coiffeur coiffe, le boulanger boulange et le maçon maçonne, que peut donc inventer notre travailleur en quête d'activité ? Si, pour une raison ou une autre, il ne peut produire un bien différent dont les autres ont besoin, il sera dans l'incapacité de produire pour lui-même son pain, de construire sa maison.

5.5 La logique de la spécialisation est pleinement efficace s'il existe des productions nouvelles c.à.d. un besoin

nouveau à satisfaire pour donner du travail aux exclus du système productif.

Il faut que la productivité du travail qui tend constamment à réduire la quantité de travail disponible par type de bien soit compensée par l'élargissement des débouchés. Cela suppose que la capacité à innover se situe dans l'illimité, que l'expansion économique soit à la fois qualitative (biens nouveaux) et quantitative (élévation des quantités produites par type de biens).
Pour des raisons multiples, tenant notamment à la faiblesse technique d'une économie et au monopole exercé par les grandes nations industrielles, il devient impossible pour certains pays de s'inscrire dans la division internationale du travail. Leur seule issue est de se vendre moins cher, ce qui explique les délocalisations des entreprises des nations industrielles.
On ne saurait accepter le principe de base de l'économie marchande, la vente individualisée de sa force de travail, et en refuser les conséquences : la concurrence entre tous les travailleurs sur un plan local et national mais également international. L'entreprise multinationale se comporte comme n'importe quel consommateur rationnel : acheter sur le marché ce qui se propose au moindre coût.

Le « produire pour soi » serait trop coûteux au regard des lois de l'économie marchande. Il faudrait des semaines de travail pour produire son alimentation là où quelques heures de travail spécialisé permettent de les acheter dans une grande surface. La logique productiviste conduit à adapter les rythmes de production selon les normes en vigueur internationalement qui démontrent que la production de masse est plus efficace que les petites unités autonomes.

6 - TRAVAIL POUR SOI ET TRAVAIL POUR L'AUTRE

6.1 La transformation du travail en marchandises est consécutive à la monétarisation nécessaire de l'échange marchand, afin de fixer une valeur objective qui dégage producteurs et consommateurs de tous liens subjectifs.

La monnaie est la mémoire de l'échange et elle délie les échangistes de tout engagement ultérieur. Elle autorise non pas une relation personnelle mais une relation avec tous les producteurs indifférenciés. La relation marchande est sans suite, fortuite, sans conséquence, sans histoire.

6.2 A l'inverse la relation non marchande est caractérisée par le produire pour-soi, pour l'autre, pour sa famille hors le calcul de l'effort dans une perspective de retour à soi : la production emprunte ici les caractères de la générosité, la relation humaine détermine l'échange de produits et intervient comme une des modalités des relations sociales.

Dans la production marchande, le désir de profit, l'échange inégal, les ruses et le calcul l'emportent sur la relation humaine. En ce sens, elle recouvre un mode fondamental de l'être, une des motivations de l'espèce humaine : le souci principal de soi, de ses proches, le combat pour sa survie. Elle suppose installée une distance avec l'autre, un rapport de méfiance, de lutte des espèces, de volonté de pouvoir.
Le sentiment n'est cependant jamais totalement absent : on rencontre une certaine sincérité/honnêteté dans le discours marchand : le souci de l'intérêt du consommateur, le travail bien fait, une certaine indifférence au profit, un capitalisme social, l'humanisme paternaliste d'un patronat avancé, etc.

6.3 L'échange, dans les communautés affectivement liées, emprunte des procédés qui ne sont pas déterminés par les lois de l'économie marchande qui supposent l'immédiate réciprocité. Nous dirons qu'ils sont plus complexes, plus délicats et subtils que l'échange marchand qui se caractérise par son indifférence à l'autre.

Le lien humain n'est pas mis en jeu dans le commerce qu'accessoirement. Dans la relation marchande, il faut que le producteur - son travail, sa peine, ses joies - disparaisse de son produit afin que celui-ci se transforme en valeur-marchandises interchangeables. Pour un capitaliste, il importe peu de produire du riz ou de la des gadgets électroniques, puisque la finalité ce n'est pas produire pour l'Autre mais pour le profit à extraire.

6.4 Le consommateur n'est pas engagé dans le destin du producteur. Les besoins de l'Autre sont accessoires, ils ne sont pas la finalité du travail mais le moyen d'atteindre un but strictement personnel.

Il est indifférent d'aller acheter son pain ici ou là, ce qui importe c'est le rapport prix/qualité. Si par mon choix, je condamne le boulanger du coin à la faillite c'est sans importance : chacun sait que le boulanger travaille pour satisfaire son propre intérêt, aucune éthique ne relie producteur et consommateur.
Partager un repas en commun est un acte essentiel de la vie communautaire. Recevoir quelqu'un comme hôte chez soi est une marque de haute estime qui engage hôte et invités. Il en va autrement pour le restaurateur qui ne reçoit pas un invité mais un client ; il se transformera en serviteur attentionné, souriant et dévoué pour ne pas perdre sa clientèle. Derrière son sourire se lira parfois l'ennui de travailler pour un inconnu dont le destin lui importe peu.

6.5 Ce qui est en jeu c'est le fondement de la relation humaine, la distorsion d'essence que la commercialité introduit dans le rapport client/vendeur et qui ne peut jamais être redressée, qui colore et fausse tous les échanges

Tout affect humain n'a pas disparu dans la relation commerciale : le sourire est souvent authentique, la joie du restaurateur à faire plaisir est réelle, le commerçant a un amour de son métier, etc.
Mais nous pouvons entretenir de nombreux rapports commerciaux avec notre marchand de journaux, de pain, au restaurant, au café, à l'hôtel, avoir un trop de plein de mercis et de sourires tout en ayant le sentiment d'errer seul dans la jungle des villes.
L'humain disparaît derrière le client et le client est traité comme une marchandise dont on ne veut connaître que la valeur monétaire. L'interchangeabilité générale entre producteurs et consommateurs suppose le détachement du lien affectif ; l'objet peut alors paraître sur le marché comme marchandise *déshumanisée*.

6.6 La possession d'un pouvoir d'achat équivaut à la possession d'un pouvoir de servitude sur l'autre, à la mise en esclavage des producteurs dont la survie dépend du bon vouloir du client-roi.

L'argent permet de se faire obéir et servir, de forcer les producteurs aux remerciements, au sourire commercial, à l'hypocrisie.

6.7 Aux grandes machines à produire correspondront les grandes usines à consommer : l'organisation économique libérale est en passe d'atteindre le degré zéro de la relation humaine communautaire.

Le travail-pour-l'autre, finalité de la division du travail, fait disparaître l'autre comme objet et destination de la production. Le service rendu à autrui, en tant qu'il constitue le ciment de l'échange social, disparaît dans sa pureté essentielle pour réapparaître travesti sous le mode du service commercial. La personne du producteur va s'effacer devant le produit : il sera alors possible de l'encaserner dans des usines, de les soumettre au travail répétitif et spécialisé, de l'attacher aux chaînes de production, de lui imposer des rythmes infernaux.

L'hypermarché sera le symétrique de l'usine : à la déshumanisation du travail correspondra l'industrialisation de l'acte d'achat, la disparition du lien entre producteurs, vendeurs et consommateurs. Ces hypermarchés s'érigent en cathédrales modernes à la gloire du capitalisme triomphant. Une humanité atomisée va errer dans ces espaces de grande consommation, en contact direct avec la marchandise en attendant de rencontrer un être vivant : la caissière surmenée. Bientôt celle-ci disparaîtra, et avec elle tout commerce humain.

6.8 L'humanité de l'homme s'absente, se dissimule, se travestit aussi bien dans la figure sociale du travailleur que derrière celle du client.

Les produits échangés ne portent pas traces d'un visage, d'un nom, de l'histoire d'un producteur, d'un ami, d'un voisin, de ses joies et souffrances mais sont remplacés par la marque ; la propagande publicitaire récupère toutes les zones des affects, tous les mythes et valeurs fondamentales pour suppléer à la disparition de la relation affective d'échange. De cette relation, il ne subsiste qu'associations de producteurs pour leur survie, juxtapositions d'égoïsmes, défenses corporatistes dans un contexte de combat démocratique où chacun s'estime lésé et bien moins possédant que l'autre.

6.9 Toute une société, l'ensemble des peuples de la planète sont condamnés à entrer dans cette relation exploiteur-exploité, tour à tour maître et esclave, selon qu'il se trouve être derrière sa machine ou à une table de restaurant.

Le capitalisme n'oppose pas seulement deux classes antagonistes, il repose sur une contradiction interne : la scission en tout individu entre son statut de producteur et de consommateur qu'approfondit l'élargissement de la division du travail.

6.10 La société marchande a pour opposé la société du don réciproque.

Une ligne de partage sépare l'économie marchande de l'économie du don mutuel. Une société marchande est celle qui instaure la mesure du travail et des échanges de biens et services en termes monétaires.
Dans la société de dons, le travail gratuit s'échangeant contre du travail gratuit, il ne se trouve plus de fixation monétaire de la valeur des marchandises et partant d'échange marchand. La société de donations réciproques suppose des rapports de proximité entre leurs membres et surtout d'affectivité.
Ce qui fonde la société non marchande c'est un principe de solidarité, de confiance mutuelle qui rend incongru le calcul marchand, qu'il n'est pas tenu une comptabilité rigoureuse des efforts de chacun pas plus que des consommations individuelles.

CHAPITRE 4 : LES LIMITES A LA CROISSANCE DE L'ECONOMIE CAPITALISTE

En théorie économique classique, l'équilibre est toujours pensé entre l'offre et la demande, entre la présentation d'un produit sur un marché et un pouvoir d'achat disponible.

Les déséquilibres sont tantôt attribués à une insuffisance de l'offre, ce qui incite à promouvoir des politiques favorables aux entrepreneurs et à l'investissement, tantôt à la défaillance de la demande, ce qui sollicite des orientations de type keynésien de redistribution du pouvoir d'achat ou de relance publique.
Or, l'économie marchande se résume, en définitive, dans le *« produire pour l'autre afin de consommer pour soi »*. Cela implique un double ajustement entre capacités productives et besoins mutuels afin que les marchandises puissent effectivement s'échanger.

L'échange n'est possible qu'entre producteurs de biens de telle sorte que l'équilibre véritable est celui obtenu entre les offres.

En effet, toute demande suppose qu'elle soit armée d'un pouvoir d'achat. Mais ce pouvoir d'achat doit résulter d'une production. La monnaie de cette demande n'est que la mémoire chiffrée d'une marchandise fournie antérieurement ; tout se passe comme si une offre de marchandise concrète s'échangeait contre une autre offre marchandises tout aussi concrète, selon l'antique tradition du troc. Dans cet échange, la monnaie n'est que le voile qui dissimule cette réalité : *des marchandises s'échangent contre d'autres marchandises.*

Lorsque l'offre ne trouve pas de débouchés, cela indique qu'une production ne peut s'échanger contre une autre, que l'un des échangistes fait défaut ou qu'il se trouve dans l'incapacité de produire un bien pour l'échange.

Le déséquilibre n'est donc pas, contrairement à la théorie classique, le résultat d'une non-rencontre entre une offre et une demande, mais entre offres elles-mêmes.

1 - LES DISTORSIONS ET OBSTACLES A L'ECHANGE

Dans la situation la plus simple du troc entre deux échangistes, les conditions sont rarement réunies pour que l'échange soit parfait. Entre de multiples échangistes et a fortiori dans la cadre d'une économie mondialisée, les obstacles à l'échange sont encore bien plus nombreux :

1) Echange imparfait : les quantités échangées sont inégales. A produit plus que B et se trouve dans une situation de surproduction.
2) Echange restreint : A épargne une fraction de sa production et B est contraint également à l'épargne forcée d'une fraction égale : la production se situe mutuellement au niveau moindre qui est celui décidé par A.
3) Echange injuste et inégal : A échange des quantités de travail moindre et gagne dans l'échange.
4) Echange impossible : B demande le produit a' mais A n'a pas besoin du bien b' L'échange ne peut avoir lieu et chacun se trouve dans une situation de surproduction en même temps que dans l'impossibilité de satisfaire ses besoins.
5) Echange interdit : A produit le bien a' dont B a besoin mais celui-ci est dans l'incapacité de produire le bien b' dont A a besoin.

1) Echange imparfait :

Les quantités échangées sont inégales. A produit plus que B et se trouve dans une situation de surproduction.

a) L'hypothèse est celle d'un différentiel de productivité entre A et B. B ne peut donc produire en quantité suffisante pour équilibrer ses échanges et A doit réduire sa production en conséquence. A est en surproduction, il ne peut écouler ses produits puisque B ne dispose pas d'un pouvoir d'achat et donc d'une production équivalente.

Cette situation est très exactement celle qui existe entre pays riches et pauvres et d'une façon générale dans les économies inégalitaires : Les moyens de production existent en abondance, mais la demande armée d'un pouvoir d'achat fait défaut.

La solution Keynésienne adoptée consiste émettre de la monnaie en proportion des gains de productivité de A pour les distribuer à B. Mais le financement de la demande par une création de monnaie qui correspond à la production supplémentaire de A ne crée pas une augmentation de la production globale. Elle permet de maintenir l'écoulement des unités produites par A, ce qui crée l'illusion d'un rebond économique. De fait, les conditions pour produire ces biens existaient, il fallait trouver une procédure de transfert de la propriété de A vers B sans production équivalente.

Toutes les politiques économiques de relance par la demande s'inscrivent dans ce schéma qui consiste soit en une création de monnaie, soit à prélever par l'impôt sur les revenus afin de redistribution. Mais en définitive, ce prélèvement redistributif revient à enlever à A la fraction de sa production qu'il ne peut échanger avec B.

b) Lorsque l'échange met en jeu un 3eme échangiste, les gains de productivité de A peuvent l'amener à se substituer à B pour produire le bien b' et fournir directement C.
Lorsqu'il s'agit des échanges entre pays A, B et C, portant sur une grande quantité de biens divers, les producteurs de B se trouvent dépossédés d'un pouvoir d'échange.
La hausse de la productivité du travail d'un échangiste a exactement le même effet que l'accaparement d'un bien ou d'un territoire. Tout se passe comme si la quantité de travail était un bien rare et que sa prise de possession par l'un avait pour conséquence d'en priver l'autre.

A l'extrême limite, nous pourrions imaginer une société automatisée où quelques individus pourraient satisfaire la totalité des besoins. Le reste de la population serait au chômage et contrainte de recevoir des allocations dont la valeur serait prélevée justement sur le revenu des rares producteurs. C'est l'exemple même d'une politique keynésienne.

2) Echange restreint :

A épargne une fraction de sa production et B est contraint également à l'épargne forcée d'une fraction égale : la production se situe mutuellement au niveau moindre qui est celui décidé par A.
Dans le circuit monétaire, la somme m→ est intégralement utilisée et il n'y a pas d'épargne.

1) E → A
2) A →←b' B
3) B →←c' C
4) C →←a' A
5) A → E

Que se passe-t-il si A épargne (e) une fraction de la somme reçue de E ? Les échanges entre A, B, C automatiquement seront amputés de la valeur e épargnée et nous verrons fonctionner le soustracteur de production selon la valeur ea'+eb'+ec'. Les échanges se feront au niveau a'-e, nous serons en régime de sous production, la faible production de l'un s'échangeant contre une égale faible production de l'autre.
La situation sera cumulative si à leur tour B et C épargnent, ce qui, in fine, conduira A à livrer une moindre quantité a C, ce qui l'obligera à rembourser sa dette à E sur la somme épargnée tout en étant contraint à garder une partie de sa production (un schéma un peu complexe pourra clarifier ces échanges).

Ce phénomène de la récession cumulative du fait de l'épargne a été analysé par Keynes. Une des solutions consiste à réinjecter les sommes épargnées sous forme d'investissement.

3) Echange injuste et inégal :

A échange des quantités de travail moindre et gagne dans l'échange.

Soit deux producteurs A et B qui échangent des marchandises selon la proportion 2a contre 1b, équivalent à 2h de travail contre 1 heure (on suppose donc que la productivité du travail est identique) La rémunération horaire de A est donc la moitié de celle de B. On considère de plus que les besoins de B sont saturés avec 2a et les besoins de A avec 2b. Après une heure de travail B aura satisfait ses besoins alors qu'au bout de deux heures de travail A n'aura satisfait que la moitié de ses besoins en marchandises b. Il lui faudrait travailler 2

heures supplémentaires pour échanger à nouveau 2a contre 1b.
Mais B ne voit aucun intérêt à travailler 1 heure supplémentaire puisque avec 1 heure de travail il a satisfait la totalité de ses besoins en marchandise a. Dès lors le producteur A va devoir chômer du fait de l'arrêt volontaire de B résultant de la satisfaction de ses besoins. A sera donc contraint à l'inactivité alors même que ses besoins ne sont pas satisfaits et du côté de B, il y aura une réduction du temps de travail dans une situation de saturation du besoin.

Le principe de cette loi de l'échange inégal est assez simple : le travailleur B en vendant deux fois plus cher son heure de travail bénéficie d'une heure de travail gratuite qu'il n'aura pas à effectuer dans l'hypothèse où il aurait dû lui-même produire les deux biens a. Il pourra être satisfait plus rapidement.

Mais puisqu'il y a spécialisation, puisque la satisfaction de A dépend de B et réciproquement, tout se passe comme si B interdisait à A de produire lui-même 2 biens b pour satisfaire ses besoins. En situation d'égalité, il aurait suffi de 2 heures à A pour obtenir 2b, dans l'échange inégal même en acceptant de travailler 2 heures de plus, il ne peut obtenir satisfaction du fait de la saturation des besoins de B. On constate que l'échange inégal n'est pas seulement une situation immorale (A se vend moins cher à B) mais conduit à un blocage : A ne peut même plus se faire exploiter par B puisque celui-ci n'a nul besoin de sa force de travail.

Que se passe-t-il lorsqu'on applique cette situation de l'échange inégal entre pays pauvres et pays industrialisés, lorsque les différences des salaires n'est pas de 1 à 2 mais de 1 à 50 ? Lorsque Madagascar par exemple, effectue un troc avec la France de pantoufles contre du matériel électronique spécialisé ? Nous constatons que le marché français sera plus rapidement saturé en pantoufles que le marché de Madagascar en produits électroniques. Les travailleurs français arrêteront de travailler pour Madagascar dès leurs besoins satisfaits et leurs homologues malgaches seront donc contraints de cesser le travail (tout en travaillant 50 heures de plus) alors même que leurs besoins en électroniques ne seront pas satisfaits ;

Mais que signifie pour le marché français l'échange inégal de la production d'un travailleur français pour 50 malgaches ? Si nous supposons que la productivité de l'industrie malgache de la pantoufle est le quart de la productivité française, cela signifie qu'une heure d'activité d'un travailleur de l'électronique grand public supprime l'équivalent de 12.5 heures de travail dans le secteur de la chaussure. Tout se passe alors comme si le secteur B (électronique française) échangeait 1 heure de travail contre 12.5 du secteur A (chaussure française). Nous retrouvons alors notre loi générale qui veut que toute inégalité dans la valeur du temps de travail conduise à une saturation par définition plus rapide des besoins des travailleurs (des entrepreneurs) les mieux rémunérés et entraîne la mise au chômage des salariés les plus défavorisés.

4) Echange impossible :

B demande le produit a’ mais A n’a pas le besoin du bien b’ l’échange ne peut avoir lieu et chacun se trouve dans une situation de surproduction en même temps que dans l’impossibilité de satisfaire ses besoins.

Supposons deux producteurs respectivement A maçon et B boulanger, qui établissent des relations marchandes dans un système économique clos. Si le maçon a charge d’effectuer

certains travaux sur la maison de B, il va recevoir en échange une quantité de pain. Si à l'égard du boulanger la valeur de son travail est équivalente à une valeur x, il va pouvoir recevoir en échange une quantité de pain selon une période t. Mais la maçonnerie achevée, le boulanger se sera acquitté de sa dette et cessera sa production pour A. Nous aurons une situation de crise où le maçon et le boulanger seront au chômage puisque la satisfaction des besoins d'un seul des deux producteurs est suffisante pour interrompre la relation d'échange. La situation est la même si nous supposons un agriculteur échangeant avec son cordonnier 50 kilos de fruits contre une paire de chaussure. Il lui suffirait pour cela de travailler un mois. Au bout de celui-ci, l'agriculteur s'arrête de travailler considérant qu'il a cueilli suffisamment de fruits pour bénéficier de ses chaussures à l'année. Dans un système d'échange généralisé, on pourrait penser que la satisfaction du besoin de l'un est compensée par le besoin d'un autre et que notre maçon trouvera toujours dans son village une autre occasion de travailler.
Or la saturation du besoin varie selon la nature des biens, de ceux durables à très longue période (habitation), aux renouvelables quotidiennement (alimentation, énergie), jusqu'à ceux dont une unique satisfaction éteint le désir. Ainsi, beaucoup de secteurs pourront connaître des crises périodiques de surproduction du fait de la saturation du besoin. Les secteurs qui produisent les biens dont les besoins tendent à se saturer devront soit être mis au chômage, soit se reconvertir. Cette reconversion suppose qu'il existera toujours des zones d'investissements nouveaux. Si ce n'est pas le cas, les producteurs seront mis dans la situation de l'échange impossible

Dans une économie d'échanges généralisés, A et B pourront échanger leurs productions contre C, D, E, etc. et cette situation de blocage serait a priori peu probable. Cependant, nous pouvons imaginer qu'à terme, s'agissant par exemple d'automobiles, que l'ensemble des consommateurs en soient relativement pourvus. Le régime de production de secteur A sera consacré au simple renouvellement et entrera en crise, entraînant avec lui un ensemble de sous-traitants. *Dans une économie marchande, la survie de l'un dépend du désir et des besoins de l'autre. La saturation d'un besoin déterminé a pour conséquence la mise au chômage de deux producteurs.* En effet toute production s'échange contre une autre : si le besoin s'éteint, les deux échangistes doivent chômer.

5) Echange interdit :

A produit le bien a' dont B a besoin mais celui-ci est dans l'incapacité de produire le bien b' dont A aurait besoin. Aucun échange n'est donc possible.

2 - LIMITES ET INCONVENIENTS DE LA DIVISION INTERNATIONALE DU TRAVAIL

A- Les conséquences de la spécialisation sont identiques au niveau individuel et d'une collectivité : une société donnée ne peut fournir du travail à ses nationaux qu'en s'inscrivant dans la division nationale et internationale du travail.

La domination des multinationales a pour conséquence l'élimination des concurrents les moins performants dans le cadre d'une économie mondiale de libre concurrence. Les groupes locaux et nationaux sont alors dépossédés du pouvoir produire eux-mêmes leur nécessaire. Ils n'ont d'autre choix que de produire pour l'exportation en se spécialisant et en participant à la guerre économique générale. L'exportation est une production pour l'autre soumise aux aléas des besoins. Ayant sacrifié son autosuffisance, les producteurs se trouvent à la merci des humeurs du marché, des changements des flux commerciaux. Alors même qu'elle pourrait produire elle-même, sans doute à un coût plus élevé des marchandises dont elle a besoin, une économie acceptant la division internationale du travail se trouve contrainte de mettre ses salariés au chômage : il est inenvisageable pour un petit pays de produire ses propres machines-outils alors que dominent les grands groupes internationaux.

B – Si à une époque d'ouverture des marchés, la division internationale du travail a été une source de la productivité planétaire, la situation s'inverse aujourd'hui. L'ouverture des frontières n'était possible que dans un monde où les espaces de conquête (physique, technologique) étaient encore largement ouverts. Les économies pouvaient abandonner un champ de la production pour se redéployer sur d'autres types d'exportation. Mais lorsque ce redéploiement est rendu difficile par l'existence de positions dominantes sur le marché mondial, ces économies n'ont d'autres choix que d'abaisser les salaires pour devenir concurrentielles ou exporter leurs travailleurs.

Aujourd'hui, c'est toujours sur les avantages comparatifs que reposent la spécialisation et la division internationale du travail. Dans les économies dont le degré d'ouverture est élevé, il est très important de développer des avantages comparatifs mais la concurrence étant de plus en plus grande, c'est de plus en plus difficile. Et les avantages sont de plus en plus "fins", c'est-à-dire que la différenciation entre les produits repose sur des éléments de plus en plus complexes.

Ricardo énonce la théorie des avantages comparatifs : tout pays a intérêt à être libre-échangiste même si un pays a un avantage absolu sur tous les autres pays dans tous les domaines. Le pays se spécialise dans la production où il possède un avantage relatif, i. e. là où il est relativement le meilleur. Il faut savoir renoncer à ses avantages les plus faibles pour tirer parti de ses avantages les plus forts. Par exemple, un pays A (l'Angleterre) va se spécialiser dans la production de tissus alors qu'un pays B (le Portugal) se spécialisera dans la production de vin : les deux pays s'échangent leurs produits et la Division Internationale du Travail (DIT) améliore la situation de tous les pays.

Cette spécialisation internationale n'est qu'une application du principe de la division du travail selon lequel un individu gagne plus à produire un seul bien plutôt que de fabriquer différents biens à un coût supérieur pour chacun. Mais ce principe est valable quand les perspectives de croissance sont illimitées, qu'un grand nombre de besoins ne sont pas satisfaits et le travail relativement rare ; cela permet la concentration de ce travail dans des domaines spécialisés.

Il en est autrement lorsque le travail est abondant dans des sociétés industrielles hautement développées où la productivité du travail est élevée. La spécialisation dans certains secteurs n'emploiera qu'une fraction des travailleurs disponibles dans le pays A, ce qui va limiter la production du pays B en produits b' dont A a besoin. Nous aurons une quantité équivalente de population au chômage dans ces deux pays correspondant au niveau de la demande non satisfaite.

La théorie de Ricardo suppose que la totalité des travailleurs seront utilisés soit à produire des biens locaux, soit pour l'exportation. Si 40 % travaillent pour l'exportation, 40% pour le local, il existe un chômage de 20%. Ces 20% de chômeurs ne pourront donc être employés à la fabrication des biens importés, lesquels auront fourni du travail aux 20 % des habitants du pays exportateur. Mais si ce pays a une productivité plus grande et que seulement 10% suffisent pour produire les biens exportés, globalement pour les deux pays nous aurons 3O% de chômeurs.

De fait, dans une situation d'abondance des travailleurs, nous assistons aussi bien à une lutte internationale pour la conquête des biens physiques que pour celle du travail encore disponible. Le raisonnement est le même dans une économie fermée : la division et la spécialisation du travail supposent qu'il soit toujours possible de prendre spécialité en innovant pour reployer les travailleurs libérés par la productivité du travail vers les secteurs d'avenir.

Dans une économie d'échange généralisé ou rien n'est produit pour soi, mais tout pour le marché, un chômeur crée un autre chômeur en ce que sa non-production s'échange contre une non-production.

Il ne pourra consommer les biens produits en excédent qu'en proportion de la part des revenus prélevés sur les travailleurs restés en poste, ce qui n'augmente en rien le volume global de la demande.
Les restrictions à la consommation pour une vaste catégorie de biens et services qui ne sont pas soumis objectivement à un impératif de rareté, dépendent de moins en moins de capacités productives que des modes juridiques et politiques du " partage social ".
La crise structurelle de l'économie marchande est donc avant tout une crise des conditions de l'échange, que celui-ci soit *inégal* ou que le producteur ne puisse pas échanger (*échange impossible*).

Dans l'échange impossible, le producteur est interdit d'échange pour plusieurs raisons ; dans une économie d'échanges généralisés, chaque travailleur doit prendre spécialité et participer à la compétition collective. Si sa société nationale ne dispose pas des infrastructures techniques, des capitaux, des compétences requises, d'autres que lui vont produire à sa place (cas des pays peu développés). Le principe libéral de concurrence engendre comme conséquence que les perdants de la compétition sont dépossédés *du droit de produire-pour-l'autre.* Et comme l'économie marchande généralise le produire-pour-l'autre comme mode unique du produire pour soi, l'individu ne dispose plus des moyens de produire pour lui comme dans les économies autarciques.

Lorsqu'un travailleur américain ou japonais produit un poste de télévision ou une automobile à la place d'un travailleur du Ghana ou du Mexique, il oblige celui-ci à produire autre chose pour échanger. Mais s'il est mis dans une situation d'échange impossible (absence d'infrastructures ou impossibilité d'une spécialisation pouvant être vendue sur le marché mondial), il subit une nouvelle colonisation par l'intermédiaire des lois du marché. Un pays, un groupe social déterminé n'aura pas les moyens de satisfaire la totalité de ses besoins mais seulement la part que lui autorise son pouvoir d'échange négocié sur le marché mondial (par la baisse du coût de son travail ou la fourniture d'un produit demandé sur le marché mondial).
La domination de certaines multinationales, de certains pays, sur les techniques productives a pour conséquence l'élimination des concurrents les moins performants dans le cadre d'une économie mondiale de libre concurrence. Les groupes locaux et nationaux sont alors dépossédés du pouvoir produire eux-mêmes leur nécessaire. Ils n'ont alors d'autre choix que de produire pour l'exportation en se spécialisant et en participant à la guerre économique générale.

3 - LE PRINCIPE DE RESTRICTION DE L'OFFRE ET DE LA DEMANDE

L'économie marchande gouvernée par les principes du libéralisme est une construction idéologique ayant pour finalité de maximiser la production et secondairement de satisfaire les besoins, l'offre ayant la priorité sur la demande.

L'ajustement offre/demande n'est rien moins que naturel et la main invisible du laisser-faire aurait plutôt tendance à se paralyser. Les blocages de plusieurs mécanismes viennent en effet mettre en crise cette harmonie naturelle supposée.
L'ordre marchand est paradoxalement construit sur un principe de restriction de la production qui interdit la pleine satisfaction de besoins individuels. Il est condamné à des crises de surproduction (ou un sous-emploi chronique des capacités productives, lorsque celles-ci sont abondantes).
L'économie marchande est adaptée à une époque et à des situations de pénurie. Les restrictions à la consommation imposées étaient la contrepartie des faibles revenus distribués pour assurer une production peu élevée. Lorsque par la mécanisation nous sommes en situation d'abondance, le principe de restriction continuera de fonctionner.

3.1- l'exemple du jardin public

Supposons une petite ville ou seule la moitié des habitants paie des taxes locales. Une partie de celles-ci, disons Q = 100 euros est affectée à l'entretien d'un jardin public. L'entrée est libre et chacun peut profiter de l'espace vert et les jeux.
Mais une nouvelle municipale libérale est élue qui va concéder au secteur public la gestion du jardin ; Elle n'a plus ainsi de dépenses de personnel à a charge. En conséquence la taxe Q est supprimée mais les habitants doivent acquitter

désormais un droit d'entrée. Si la taxe était destinée à payer les coûts d'entretien et de fonctionnement du jardin public, ils devront payer maintenant Q.euros + profits + salaire du guichetier désormais installé à l'entrée+ coûts divers liés au contrôle, à la gestion financière, à l'émission de tickets d'entrée, à la publicité, etc.

A priori nous constatons que l'usage collectif du jardin va être d'un coût plus élevé. Cependant, pour rendre justice à l'efficacité proverbiale de la gestion privée, nous admettrons que des gains de productivité sur l'entretien alimenteront les profits et le surcoût lié à l'installation, de plus un jardinier sera transféré au guichet. Nous supposerons ensuite que l'usager, devenu un consommateur, va intégralement affecter sa réduction d'impôt au paiement du droit d'entrée q = 10 e. Les anciens contribuables auront droit à Q/q = n.c = 10 entrées individuelles.

Si chacun décide de ne dépenser en consommation de jardin privé que le montant antérieurement affecté au paiement de la taxe municipale soit dix entrées par an, la onzième fois il devra rester à la porte du jardin alors qu'avant il en avait le libre usage. On constate sans grand effort que le nombre d'usagers (Nu) de l'époque collectiviste était dans tous les cas supérieur au nombre de consommateurs (Nc) de la nouvelle ère libérale. En effet Nu représente l'ensemble des usagers/ habitants la commune, Nc seulement ceux qui acquittaient la taxe municipale. Dans notre exemple, la privatisation a eu pour effet immédiat de diminuer par deux le nombre de consommateurs, de réduire en conséquence la demande. Dès lors, non seulement les « indigents » de la commune (ceux qui étaient dispensés de taxe) seront exclus du marché de la consommation de jardin, mais même ceux qui disposent d'un pouvoir d'achat (l'ancienne taxe) verront

leur consommation réduite (10 entrées au lieu d'une quantité sans limites).
La fréquentation du jardin public va donc chuter c'est-à-dire qu'on assistera à une réduction de la demande sociale pouvant déboucher sur le marché mais relativement à la masse de besoins de l'époque socialiste d'abondance. Car en réalité, d'un point de vue libéral, la demande va augmenter de NQ, cad de la totalité de l'ancienne taxe. L'horizon de la gestion libérale ne va donc pas être le besoin mais la demande solvable cad la quantité NQ du revenu de la partie "privilégiée" de la population.

Ce qui était ressenti comme une lourde dépense publique sera glorifiée comme une activité rentable et la commune pourra même s'enorgueillir d'avoir agrandi son secteur productif et réduit ses dépenses improductives !

L'entreprise capitaliste d'exploitation des jardins va faire des profits. Un taux de profit stable, voire en augmentation (par croissance de la productivité du travail d'entretien) pourra cohabiter avec une demande solvable réduite à la moitié de la population.

Il se trouvera au sein de la majorité municipale quelques libéraux de progrès pour dénoncer l'exclusion d'un grand nombre d'habitants du marché de la consommation de jardin privé. Il faudra mettre en place une politique de redistribution des revenus. On préleva une taxe de 10% sur le prix du billet et payable par l'entreprise et une autre de 10% de l'impôt sur le revenu c.a.d prélevé sur la quantité Q affectée par les privilégiés à leur consommation de jardin soit 20 euros.

Le pouvoir d'achat des privilégiés va donc baisser et ils ne disposeront plus que de 90 euros. Ils devront abandonner l'équivalent monétaire de 1 FF/ entrée/an au bénéfice de

l'autre moitié de la population. Mais l'entreprise de jardins publics va répercuter la taxe sur le prix de vente (qui passera de 1 euro à 1.10 euros).
Les habitants payant la taxe ne pourront alors dépenser que
8 entrées x 1.10 = 8.80 (reste 20cts non dépensés)
Auquel on devra rajouter pour le seul habitant ayant perçu une subvention de consommation : 1 x 1.10 = 1.10 (reste 90 cts non dépensés)

Au bilan de l'entreprise nous trouverons alors 9 entrées à 1.10frs = 9.90 F. Le nombre d'entrées a baissé de 10 % et les recettes ont diminué d'autant.

Quelles conclusions tirer de cette démonstration que nous avons voulue très simple et théorique ?

1) La satisfaction globale de la demande a été considérablement restreinte du fait du passage du service au secteur privé.
En effet, que remarque-t-on dans notre municipalité dont les électeurs ont décidé d'opter pour le libéralisme ? C'est que moyennant une taxe Q, privilégiés et non privilégies pouvaient consommer du jardin public en abondance sans restriction aucune. Le passage au libéralisme a eu pour effet non seulement d'exclure la moitié de la population du marché mais encore de diminuer la consommation de l'autre moitié. Là où était offerte la possibilité de consommer sans limites, le libéralisme est venu poser des guichets, imposer un prix, instaurer des rapports marchands pour en définitive cantonner la consommation à un certain volume RESTREINT.

2) Seule une partie de la population peut consommer en proportion de ses revenus : les anciens contribuables devenus des consommateurs peuvent utiliser les sommes acquises pour une consommation personnalisée sans avoir à acquitter

de mauvaise grâce l'impôt, d'autant qu'il pouvait se trouver quelques-uns qui ne profitait jamais du jardin. Le consommateur devient maître de sa dépense, ne paie pas pour un autre et peut contrôler l'usage et les satisfactions tirés de ses revenus. Le libéralisme est bien l'idéologie qui conforte l'intérêt du consommateur en déniant toute utilité au "collectif".

3) Les impôts ont baissé mais la municipalité doit instaurer un nouvel impôt de "solidarité " redistributif. L'Etat providence est d'autant plus amené à se développer que le champ du service marchand s'étend. Le libéralisme développe une situation d'inégalité que l'Etat a charge de corriger. Cette inégalité a un coût tant par le nombre d'agents employés au prélèvement (agents des impôts) que par ceux travaillant à la redistribution (personnel des services sociaux) mais aussi par le personnel employé à la surveillance et à la répression (police, justice).

4) L'entreprise libérale coûte globalement plus cher (rémunération du capital) et les gains de productivité sur le travail permettent simplement de compenser le coût du contrôle de l'usage privatisé du jardin.
Tout se passe comme si le consommateur devait prélever sur son pouvoir d'achat les sommes nécessaires à la police de la distribution. Dès lors, sous prétexte d'éviter le gaspillage qui serait lié à un usage gratuit, le système marchand organise un autre type de gaspillage qui consiste à rémunérer des moyens coûteux de contrôle pour restreindre la consommation des biens prétendument rares. Dans notre exemple, le recours à un contrôleur guichetier à l'entrée est caractéristique d'une dépense inutile justifiée par la nécessité de percevoir le coût du service offert et limiter le nombre des entrées. Si le capitalisme s'analyse comme un système très efficace pour mobiliser les agents économiques et développer la

production, il suscite par ailleurs nombre d'activités parasites et non productives.

5) En redistribuant les revenus, on n'augmente pas la demande globale mais on transfère à un autre agent le pouvoir de consommer. Déshabiller Pierre pour habiller Paul si cela parait juste sur le plan moral n'a jamais pu créer un vêtement supplémentaire.
Dans l'économie classique, l'inégalité des revenus relève d'une question de morale et ne concerne par la logique interne des mécanismes de production. Avec Keynes, est apparue l'idée de justice distributive : il fallait donner aux producteurs les revenus nécessaires pour augmenter la demande.

A priori, le Keynésianisme n'a aucune justification strictement économique (si on met de côté le frein à la consommation lié à la possession d'une épargne improductive). Si les quantités de travail pour produire une voiture de haut de gamme et trois voitures populaires sont identiques, on ne voit pas pourquoi l'inégalité des revenus ne contribuera pas à la croissance. Une telle économie fonctionnant pour le bien-être d'une minorité pourrait atteindre des hauts niveaux de production en surexploitant le travail. Les revenus distribués aux ouvriers des industries de luxe serviraient à alimenter une consommation et production « populaire » sans qu'il soit nécessaire de procéder à une redistribution de type keynésien.

6 - Notre démonstration est applicable à l'usage d'autres biens (transports, autoroutes, musées, téléphone, télévision payante, etc.) et d'une façon générale à tous les biens et services dont l'augmentation du coût de production est moindre relativement à celle du nombre de prestations servies.

La logique libérale interdit le plein usage des biens disponibles et entretient une rareté qui limite artificiellement la consommation. Les salles de cinéma fonctionnent à moitié pleine, les trains partent non remplis ou leur coût oblige à l'usage de la voiture individuelle. Elle fait payer aux consommateurs le coût en personnel (guichetiers, comptables, contrôleurs, etc.) mais également celui lié au développement commercial (publicité, promotions, etc.).

3.2 La demande illimitée : la sécurité sociale

a) Qu'en est-il de la vente des biens rares dont le coût de production est lié aux quantités produites ? Prenons l'exemple de la vente des biens et services de santé dont la consommation est régulée par le système de sécurité sociale. Qu'est-ce donc que l'institution de la sécurité sociale sinon une organisation qui fonctionne selon le principe de base de Marx à savoir *à chacun selon ses besoins* ?

La rupture avec l'ordre marchand est en effet flagrante : ce n'est pas le revenu qui commande l'obtention des "biens de santé " mais le besoin. Dès lors, les crises financières de la sécurité sociale sont justement dues à l'absence du *principe de restriction de la consommation lié à la restriction des revenus distribués* qui s'applique au reste des biens marchands.

Nous sommes introduits au cœur de la contradiction du système libéral. L'idéal de l'économie capitaliste, c'est le développement de la production, la dépense, le gaspillage. La logique du libéralisme pousse à la production illimitée de biens de santé.

Il se trouve que le secteur qui connaît l'une des plus fortes croissances est celui qui réalise l'idéal capitaliste d'expansion parce qu'il obéit au principe communiste de " *à chacun selon ses besoins* ".

Car en effet, si la consommation devait être liée au revenu disponible, le niveau de production de cette branche serait inférieur. Ceux qui disposent de revenus modestes hésiteront à aller chez le médecin, des économies sordides seraient réalisées, la santé collective serait en danger. Médecins, hôpitaux, cliniques, laboratoires pharmaceutiques verraient leur clientèle se raréfier, ce secteur serait en crise, en procédera à des compressions de personnel, à des politiques de gains de productivité.

b) Que se passerait-il si on privatisait le secteur de la santé ? Cela consistera à diminuer les dépenses de ce secteur, ce qui permettra à un pouvoir d'achat ainsi dégagé de se reporter sur d'autres types de consommation. L'équation est : moins de médicaments, moins de médecins mais plus de jeux vidéo, de voyages et de voitures achetés....

Ce raisonnement suppose qu'on ne peut pas **dans le même temps** développer le secteur de la santé et de la réparation automobile par exemple. Il suppose que les capitaux et forces productives sont rares et restreints. Le transfert de la demande d'un secteur à un autre maintient simplement le volume total de la demande et le niveau global d'activité : on met au chômage les infirmières pour embaucher des mécaniciens auto. Or ce raisonnement n'est pas adapté à une économie d'abondance du travail disponible : il existe deux besoins (les soins, la réparation automobile) mais un seul est satisfait alors qu'infirmières et mécaniciens autos pourraient travailler sans que le travail de l'un interdise celui de l'autre.

4 - L'HORIZON LIMITE DU LIBERALISME : BESOINS SOLVABLES ET BESOINS INFINIS

Malgré une baisse constante des prix, une production de masse, une productivité du travail toujours plus élevée,

l'économie libérale est freinée dans son développement car elle ne peut jamais atteindre l'utilisation maximale des forces productives. Elle est condamnée à fonctionner sur un mode ralenti : puisque l'expansion dépend du niveau de la demande solvable, sa restriction engendre un ralentissement qui se propage de secteur en secteur. Or les consommateurs ne restreignent leurs dépenses par crainte de l'avenir (épargne) ou lorsque leurs revenus diminuent : mais jamais parce que la totalité de leurs besoins est satisfaite (ceux-ci sont par essence illimités).
L'économie marchande ne peut jamais connaître un développement régulier qui dépendrait non de la demande mais des capacités productives.
a) Ce qui est pris en compte pour déterminer le niveau de production, c'est la demande solvable et non la demande absolue. L'horizon de l'économie libérale sera toujours contraint par l'anticipation des revenus dont l'augmentation future sera nécessairement limitée. Le niveau de l'emploi sera ajusté sur cette prévision et sera toujours inférieur aux capacités réelles. Si un individu prévoit qu'il ne percevra que 5% de revenus supplémentaires l'année suivante, il augmentera sa consommation d'un montant égal. Dans une situation d'abondance, la fixation d'un horizon limité a pour effet de restreinte les capacités productives disponibles.

Ce frein à l'expansion est cependant compensé par le développement du crédit. Celui-ci est une anticipation des revenus qui permet d'élargir l'horizon de la production en ne liant pas celle-ci à l'obtention de revenus actuels. Cependant, le niveau des crédits accordés se fixe sur celui des revenus espérés de sorte que nous retombons dans la problématique de l'horizon limité inhérent au libéralisme.

b) Du côté de la demande, le principe de restriction fonctionnera pareillement. Si un consommateur a besoin des

biens A et B, ses revenus restreints l'obligeront à arbitrer entre ces deux produits. S'il choisit le bien A, les producteurs du bien B ne pourront travailler à satisfaire ce besoin réel mais non solvable. Leurs revenus seront à leur tour limités par les faibles revenus du consommateur et ainsi, de façon cumulative.
Dans l'économie concrète, nous savons que le niveau de production anticipe très peu le niveau de la demande solvable. En conséquence, le niveau de production du secteur B va tendre à s'ajuster sur le niveau des salaires des producteurs. Par principe les capacités productives seront toujours inférieures aux besoins qui sont illimités. Cela signifie que le secteur B ne pourra pas se développer pleinement mais qu'au contraire nous aurons une réduction du temps de travail, voire des licenciements si la productivité du travail croît sans augmentation des ventes.

c) Ainsi, à partir d'un revenu limité, chaque consommateur effectuera un arbitrage entre ses dépenses. C'est à partir de l'expression de ces besoins solvables raréfiés que s'effectuera la programmation des investissements. Certains secteurs – par exemple les transports - vont ajuster leurs moyens à cette demande rare alors que nous sommes dans une situation de surabondance de moyens de production. Cet arbitrage individuel aura pour conséquence que certains secteurs se développeront au détriment des autres. Tout se passe comme si tous les secteurs ne pouvaient se développer simultanément : lorsqu'on attribue les moyens vers l'un, ils ne seront pas attribués à l'autre. Cette logique est celle d'une situation de pénurie qui ne peut plus se justifier lorsque nous sommes dans une situation de sous-emploi des forces productives.

d) On voit comment fonctionne le principe de restriction à travers la hiérarchie des revenus qui interdit simultanément la satisfaction des deux besoins, au prétexte que les forces et capitaux absorbés par un secteur ne sont pas disponibles pour un autre. Un individu adaptant ses besoins à son niveau de revenu, lorsque son besoin sera satisfait pour un type de bien, il ne renouvellera pas sa production. Le pouvoir d'achat résiduel se reportera sur une autre consommation et stimulera une production différente. Mais le secteur ayant satisfait son précédent besoin aura arrêté sa production, puisque le niveau de celle-ci est corrélé à la demande. Il y aura chômage et nécessité de reconversion du secteur, ce qui suppose toujours que des biens nouveaux peuvent être créés pour suppléer à la saturation d'une fraction de la demande : celle qui est solvable.

Les économies d'abondance sont soumises à la logique de la demande solvable qui n'exprime qu'une fraction des besoins sur le marché ce qui conduit à fixer des objectifs de production limités. Pour s'ajuster au marché, ces économies vont entretenir et organiser la pénurie et la destruction consécutive de leurs moyens excédentaires à mesure qu'elles gagnent en efficacité.

e) Le libéralisme peut satisfaire n'importe quel besoin dès qu'il est armé d'un pouvoir d'achat. Mais il ne peut atteindre la satiété d'une catégorie de besoin et se situer dans une perspective de développement illimité. S'appuyant sur une logique de raréfaction des ressources et du travail disponible, il perpétue ces principes de pénurie puisque ne cesse de croître l'écart entre les potentialités de production et la consommation réelle.[4]

---

[4] Une forte expansion et une augmentation régulière du pouvoir d'achat comme nous le constatons dans les pays très développés, ne sont pas incompatibles avec le principe de restriction de l'offre. De fait, cette économie, la productivité du travail et de l'automatisation croissante des tâches augmentent constamment sa puissance de production. L'écart

f) Le principe de restriction signifie que les capacités productives étant posées comme limitées, les agents économiques doivent choisir la meilleure allocation possible des capitaux et force productives. Un secteur ne peut se développer qu'au détriment d'un autre .Si on choisit de produire de paires de chaussures, il faut en contrepartie que les forces soient pas disponibles pour fabriquer des épingles ou des nœuds papillons.

Une économie dont la satisfaction des besoins est limitée par ses capacités productives, doit donc mettre en place un principe interne de restriction de la consommation. Si ce mode de répartition se justifie en situation de pénurie, il n'en va plus de même dans les sociétés hautement industrialisées qui connaissent une surabondance de capital et de travail. Pour un très grand nombre de biens, l'industrie moderne dispose des infrastructures techniques pour les fabriquer en quantité quasi illimitée, sans que pour autant les investissements absorbés par un secteur interdisent le développement d'un autre secteur.

Il faut en rechercher l'une des causes dans la structure des revenus qui interdit à un producteur de se procurer simultanément les biens A et B. Dès lors, le secteur B va devoir ajuster sa production sur le niveau d'une demande solvable nécessairement restreinte et fonctionnera en régime bas de production. Ce désinvestissement dans un secteur est justifié en économie libérale par la nécessité de choisir entre plusieurs allocations possibles des ressources rares. De fait, aujourd'hui, de nombreuses branches d'activité ont des capacités excédentaires et on ne saurait affirmer par exemple, que le développement des industries de l'information et de la

existera donc toujours entre ces capacités et le niveau de la consommation toujours inférieur. Ce principe fonctionne à plein régime dans les économies d'abondance.

culture ponctionne les énergies destinées à la production alimentaire. Les véritables limitations sont celles relatives aux ressources rares (énergie, espace, matériaux), ce qui n'est pas le cas pour le travail.

5 - LES LIMITES DE LA CONCURRENCE ET DE LA BAISSE DES PRIX

L'économie marchande est une organisation qui lutte contre la rareté par l'augmentation des quantités produites et la baisse des coûts. Cette baisse résulte d'une augmentation de la productivité du travail ce qui contraint à éliminer toujours plus la part des salaires. Or, il est nécessaire contradictoirement de distribuer un pouvoir d'achat pour alimenter la demande des biens.

Cependant, la baisse des prix, même si elle peut atteindre de très bas niveaux, est limitée par la nécessité de rémunérer salaires et profits. Un bien marchand par définition, a une diffusion restreinte. Le possesseur d'un revenu limité peut préférer l'achat d'un autre bien d'utilité supérieure, sans que pour autant le besoin du bien moins utile soit égal à zéro. Le consommateur est ainsi amené à restreindre sa consommation et partant le développement des forces productives. Ce seuil à la baisse des prix rend impossible une consommation illimitée correspondant aux besoins.

6 - BIENS RARES ET FACTEURS DE PRODUCTION ABONDANTS

Toute économie est organisée pour la production et la distribution des biens rares. Ceux-ci sont fondamentalement des biens naturels (terres, aliments, énergie, matériaux, produits manufacturés, etc.). Ces biens rares sont ceux dont la consommation fait disparaître la disponibilité pour d'autres.

Consécutivement, on a traité le travail sur le même mode de la rareté.

1 - Le paradoxe, c'est que les progrès de la productivité et de la démographie ont rendu le travail abondant. Une contradiction s'est élargie entre biens rares naturels et travail humain de telle sorte que à mesure que ce travail global s'élevait en quantité et gagnait en efficacité la rareté ne faisait que croître relativement. Le taux d'augmentation des quantités naturelles transformables ΔQn est devenu inférieur à celui de la quantité de travail disponible ΔQw : $\Delta Qn<\Delta Qw$. En d'autres termes, l'espace physique d'accaparement des biens rares croît moins vite aujourd'hui que la puissance et la quantité du travail humain.

2 - Dans le même temps s'est développé un important secteur de services utilisant très peu de biens rares ou des biens dont la consommation réduisait faiblement leur disponibilité. Dans ces secteurs la plus grande part des coûts sont ceux du travail et pour une très faible part, de biens rares (capital fixe, matières premières, énergie). Ces activités ne sont donc nullement contraintes pour se développer par le principe de rareté matériel et, tout au contraire, pourraient croître en proportion de travail disponible. Mais qu'est-ce qui interdit la croissance de ces secteurs ?

3 - C'est justement le principe de rareté qui contraint à l'échange limité d'une quantité de biens rares contre des services à caractère illimité. Supposons un agriculteur qui échange ses pommes de terre contre les enseignements d'un instituteur. La production de l'agriculteur est limitée par les contraintes de la terre, l'instituteur n'a d'autres restrictions que celles de son temps disponible. Lorsqu'on raisonne en termes d'échanges entre secteurs, on constate que le niveau de production des biens et services dépendra de celui de

l'agriculteur qui connait des contraintes matérielles objectives. Ainsi, le principe de rareté des biens matériels est étendu aux services alors même que le travail est largement disponible pour leur croissance.

CHAPITRE 5 - LE TROISIEME STADE DE L'HUMANITE

1– PRINCIPES GENERAUX

1.1 Depuis les premières organisations tribales, l'humanité n'a eu de cesse que de chercher à se constituer en groupes de plus en plus vastes.

Que ce soit le regroupement des douze tribus d'Israël, les péripéties multiples des alliances et désunions entre les cités grecques pour aboutir à la constitution des empires, une même volonté traverse l'histoire humaine : la constitution d'entités politiques regroupant un nombre croissant d'individus. Tout à la fois expression de la volonté de survivre, de croître, de se défendre et prospérer, l'histoire de ces royautés et empires traduit la mise en œuvre du principe d'expansion et de conquête de l'humanité. Cette organisation collective a entrainé une division du travail de plus en plus poussée.

1.2 Le libéralisme a trouvé sa pleine justification dans une situation historique de rareté, de pénurie.

Il doit artificiellement maintenir des moyens de pression et de stimulation pour forcer à la lutte et à la concurrence (chômage de masse, précarisation). Ces formes anciennes issues d'une économie de pénurie subsistent dans les économies d'abondance et constituent un obstacle à la satisfaction des besoins collectifs.

1.3 Le libéralisme est un mode d'organisation social daté : il n'est pas destiné à perdurer jusqu'à la fin des temps.

Son dépassement s'inscrit dans le devenir des sociétés humaines. Il doit saturer ses possibles et toucher ses limites historiques, ayant accompli sa mission qui correspond à un certain nombre d'enjeux fondamentaux que l'humanité s'est assignée. Cette étape est celle de la conquête économique pour concrétiser les idéaux de survie et de sécurité.

1.4 Il faut envisager le troisième stade de développement de l'humain, celui qui succéderait à la conquête territoriale (militaire) puis économique, celui du dépassement de la LUTTE sous toutes ses formes : lutte contre l'animalité, guerres, lutte de classes, lutte pour la survie, lutte pour les conquêtes territoriales, lutte pour la possession du capital et des espaces économiques, lutte entre travailleurs pour l'obtention du travail, etc.

Il s'agit d'installer l'homme sur Terre dans l'abondance économique et le confort lui permettant une existence sans angoisse du lendemain. Cette fin de la lutte doit être conçue comme horizon et voie de perfection de l'humanité. Elle est toute à la fois aboutissement d'un processus historique et mise en œuvre volontaire. Cette perspective éthique, déjà envisagée par Marx constitue le vieux fond de rêves et d'utopies de l'humanité, ses objectifs inconscients. L'histoire n'est que mise en œuvre des projets et utopies des humains qui tenacement brisent et renversent les obstacles pour l'accomplissement de l'Œuvre. Le troisième stade de l'humanité, comme forme supérieure de l'ordre commun, constitue l'un des idéaux de l'homme et représente son horizon utopique.

1. 5 L'idéal utopique des temps nouveaux, ce n'est pas tant la fin de la lutte des classes ni celle de l'exploitation de l'homme par l'homme, mais la fin de la lutte pour la survie, la fin du travail comme souffrance, la fin de l'économique comme lieu du combat contre la nature pour arracher sa subsistance et celle de la lutte entre hommes pour arracher un minimum vital.

Il s'agit d'une rupture radicale avec l'état de nature de lutte des espèces pour leur survie et leur développement. Il s'agit d'un passage au mode organisé et conscient de coopération qui succède au capitalisme comme organisation de la lutte des espèces.
C'est une organisation sociale qui accorde justice et sécurité économique à tous, satisfaction des besoins fondamentaux dans une perspective d'abondance.
En ce sens, il constitue la fin d'une histoire, l'achèvement d'un cycle de l'aventure qui a vu le surgissement, l'installation et la domination de l'espèce humaine. Il s'agit de la fin d'une grande épopée ponctuée de guerres, de meurtres, de souffrances, de famines et d'épidémies. L'alternative, c'est une nouvelle histoire à construire. Nous devons ouvrir vers une nouvelle liberté : passer d'un ordre contraint à une organisation sociale diversifiée et librement imaginée.

2 - DEVELOPPEMENT DURABLE ET CROISSANCE FASTUEUSE

2.1 Nous sommes situés dans un entre-deux historique avec l'achèvement du modèle capitaliste-industriel et la prise en charge de cette époque de transition par la pensée écologique qui dénonce les méfaits de l'industrialisation. Le concept de développement durable proposé en alternative comporte une antinomie constitutive

Par définition, ce qui dure et demeure ne peut croître. Le concept de développement est l'héritier de celui de progrès qui a accompagné l'avancée technique de l'Occident. Il devient durable en réaction à l'arraisonnement excessif de la nature. Consécutivement, la notion de progrès disparaît et avec elle toute idée de mieux-être, ce qui installe la société dans un conservatisme précautionneux. Celui-ci colore le devenir d'une sorte d'ascétisme pénitentiel qui n'est pas sans rappeler l'humilité coupable du chrétien devant la création. Au gaspillage et à la dépense s'oppose l'attitude vertueuse de la restriction dans une « économie économe ». Conservatisme de l'acquis qui est peur des dangers que recèle l'avenir ; peur d'une société hygiéniste qui multiplie les précautions, peur des catastrophes naturelles ou technologiques, des épidémies, etc. Ces frayeurs collectives relèvent d'un archaïsme millénariste et traduisent l'impasse où se trouvent acculées nos sociétés en panne d'avenir.

2.2 La philosophie écologique dominante qui a succédé aux idéologies de progrès et de justice, constitue le plus petit dénominateur commun fédérant les différents courants politiques et tend à devenir hégémonique voire totalitaire.

A l'excès de vie on oppose le souci de survie, à la souffrance du travailleur se substitue celle de la nature, à l'avancée technique le refus du progrès. L'orientation écologique fait de la protection de la nature le critère principal d'opposition aux destructions opérées par les puissances du profit et de la technique. Il apparaît plus pressant de lutter contre les nuisances sur l'environnement que de s'intéresser à l'injustice sous toutes ses formes. On ne tient pas compte des ravages humains, symboliques, poétiques mais seulement ceux occasionnés à la nature érigée en nouvelle divinité.

2.3 On ne peut nier les destructions et dangers que présente l'arraisonnement excessif de la nature consécutif à la planétarisation du modèle de développement industriel.

Mais la base théorique de l'écologie ne peut constituer l'armature d'une philosophie répondant aux défis spécifiques du moment. L'écologie est purement réactive, le négatif de l'époque précédente qui enferme le présent dans l'opposition : logique conquérante ou repli.
S'extraire de ce cercle théorique impose de redéfinir le statut de l'homme dans l'univers. Est-ce un prédateur « maître et possesseur de la nature » ou un être d'exception sans lequel l'univers ne serait que pierres brutes et animalité inconsciente ? C'est la nature qui accoucha l'Esprit pour se comprendre elle-même, au terme d'un hasardeux travail d'évolution. Faudrait-il stopper cette avancée qui enrichit la création des œuvres du génie humain ? Ne faudrait-il pas plutôt déposer au pied de l'autel de l'univers une civilisation d'harmonie et de fastes de sorte que la créature rende hommage à la création en poursuivant son œuvre d'élévation ?

2.4 La croissance fastueuse, c'est un concept qui doit englober et actualiser toutes les espérances, utopies et fantasmagories humaines donnant libre cours à l'imagination pour une « autre civilisation ».

L'étape actuelle est celle qui est confrontée au dépôt du négatif, aux scories de l'époque antérieure ; il nous faut détruire toutes les destructions opérées par l'avancée industrielle sur la nature mais surtout sur les rapports de travail et de vie collective.
La notion de « durable » dans le développement ne veut rien dire car la laideur écologique peut être aussi durable que la

disharmonie des rapports humains. A l'inverse, la croissance fastueuse c'est le projet de l'impossible Eden pour tous comme poursuite des idéaux transhistoriques de l'humain parmi lesquels : beauté, harmonie, paix, justice sociale, respect du travailleur, cadre de vie idyllique, richesse poétique des rapports humains, etc.

2.5 Toute innovation technique détermine un mode de relation et d'organisation sociale. Ce n'est pas tant le capital et ses possesseurs qui organisent l'ordre collectif et la hiérarchisation sociale que la diffusion des innovations permises par les investissements capitalistiques.

L'invention du tracteur et des engrais a été à l'origine de la mutation des paysans en ouvriers plus que toute autre révolution politique qui ne fait qu'acter institutionnellement et postérieurement les évolutions sociétales. Les forces du capital ne font jamais que mettre en œuvre et diffuser ces innovations à des fins de profit. L'imprimerie, la machine à vapeur, l'électricité, l'énergie atomique, la téléphonie, radio et télévision, etc. ont bouleversé la vie quotidienne.

Chaque invention qui se propage engendre un ordre social et un mode de production particulier, un autre rapport à l'espace, au temps et conditionne un type de relation humaine. Ainsi de l'invention de la voiture et des différents moyens de transport qui ont abouti à la mondialisation des échanges. Il en va de même des mass-médias, d'internet, ayant engendré une révolution dans les modes d'information, de communication d'accès au savoir, à l'acte d'achat, etc.

2.6 Ces différentes innovations ont bouleversé les rapports humains de sorte que se pose aujourd'hui la nécessité de procéder à un réexamen global de leurs effets, de ce qui fut gagné mais aussi perdu en matière de

qualité et de richesse dans les relations humaines. Un objet technique n'est jamais neutre, il suscite un certain type de comportement individuel et organise des rapports particuliers.

Ce n'est pas tant la pollution par la voiture qui est principalement condamnable que les nuisances visuelles et sonores qu'elle suscite, le quadrillage et l'occupation de l'espace, la violence de son usage, les morts qu'elle engendre. Elle favorise les zones commerciales excentrées et cause la faillite des commerces des centres villes qui sont désertés. Les facilités que permettent les divers moyens de transport sont à l'origine de la dispersion et l'éclatement des lieux de production, l'éloignement entre l'habitat et le travail.

2.7 L'époque actuelle est marquée par le repli sur soi et l'individualisme extrême qu'autorisent les modes de consommation, d'habitation, de déplacement, de communication.

Les mass-médias représentent la nouvelle agora donnant l'illusion d'une participation aux affaires du monde, d'exister socialement, d'être en relation avec les autres par l'intermédiaire des ondes. La société est devenue une abstraction, les journalistes des intercesseurs et détenteurs et distributeurs de la parole collective. Avec les réseaux sociaux, nous assistons à une généralisation de la « mise en ondes » abstraite de la relation humaine. A la limite, un individu pourrait habiter, travailler, consommer, communiquer sans jamais rencontrer un être de chair et de sang.

2.8 **Une organisation politique, une économie doivent être entièrement orientées vers un unique but : assurer,**

préserver la qualité et la richesse des relations humaines dans la cité.

L'homme est un être social qui n'existe et ne se développe que dans un réseau de relations, qu'elles soient familiales, amicales, professionnelles ou autres. Dans ces multiples groupes d'appartenance, l'homme tisse des liens qui lui permettent d'exister socialement comme individualité. Il se construit une histoire et imprime sa marque, et contribue pour sa part au devenir collectif.
Après la cessation de la lutte pour la survie, la préservation et le développement de ces liens doivent devenir la nouvelle finalité de l'économie et de la politique. Il s'agit moins de travailler à l'enrichissement collectif qu'à celui des relations humaines. La richesse matérielle devient seconde par rapport à la richesse retirée d'un amour, d'une amitié, de relations familiales, d'une rencontre exceptionnelle, de l'appartenance et reconnaissance d'un groupe.

2.9 Trop souvent, la seule dimension financière ou d'efficacité technique l'emporte sur l'aspect poétique qui ne saurait jamais être évalué selon les mêmes critères d'efficacité ou de rentabilité.

Lorsque pour des raisons d'économie on supprime un bureau de poste dans une commune rurale, on ne tient pas compte du coût humain résultant de la destruction d'un lieu de rencontres indispensable au bien-être de chacun.
Il en va de même pour la fermeture d'une entreprise où les travailleurs vivent une histoire commune qui structure leur existence quotidienne et où les souvenirs se déposent. Le licenciement d'une communauté humaine constituée est un drame qui ne saurait être évalué financièrement. Il ne s'agit pas seulement de la perte d'un salaire, la relégation des hommes au chômage mais AUSSI de la destruction d'un

moment de l'histoire d'un village, d'une ville. Désormais, la lutte contre la recherche effrénée du profit capitaliste doit s'exercer au nom de la justice sociale et de la sauvegarde des intérêts de travailleurs mais AUSSI par dénonciation de la cassure symbolique qu'engendrent les licenciements, les fermetures d'usines.

Une dimension de l'existence sociale qui n'est pas prise en compte, c'est l'attachement sentimental, le vécu émotionnel, le plaisir poétique et esthétique, la qualité des rapports humains que les hommes attachent à la persistance d'une institution, d'un cadre de rencontre, d'une harmonie architecturale, d'une signalisation quelconque qui contribue à la jouissance poétique et à l'établissement de relations humaines riches et nombreuses. Même des conditions pénibles de travail dans une fonderie, même un habitat dans un HLM dégradé, laissent des souvenirs et la fermeture de l'usine ou la destruction de la tour HLM sont un déchirement affectif pour ceux qui y travaillaient ou y habitaient.

Supprimer les caissières des supermarchés, c'est décider de détruire le dernier lien humain qui s'institue lors de l'acte d'achat. De même une voix métallique identique d'annonces dans les gares de toute la France contribue à l'uniformisation et à la disparition des spécificités du lieu. Au nom du principe de précaution et de rentabilité, on a détruit toute relation humaine et annihilé toute vibration affective et poétique des individus.

2.10 Une suite de l'histoire collective est à écrire, celle qui mettra au cœur de son projet une *poétique de l'humain*, en sorte que les valeurs esthétiques et éthiques priment sur l'efficacité technique et la recherche du profit.

Mais il ne s'agira pas pour autant de reléguer la technique grâce à laquelle l'humain a installé sa royauté en conformité avec sa liberté d'être et d'agir que lui a accordée la nature pour réaliser son projet. Il ne s'agira pas non plus d'éliminer tout calcul de coût et de recherche d'une *certaine efficacité.* Après le déferlement effréné de la financiarisation de l'économie parallèlement au totalitarisme de la technique, s'impose un rééquilibrage dans le sens d'une poétique de l'humain.

2.11 **Au-dessus de toute politique, de tout intérêt économique, de toute innovation technique, ce qui doit être supérieur c'est le développement et le maintien de ce lien de fraternité et de proximité entre hommes.**

Il s'agit de créer des liens de solidarité, d'entraide, de fraternité, d'amitié, de multiplier les histoires communes entre individus. Or, on assiste constamment à la destruction de ce lien dans la vie professionnelle et plus largement dans la vie sociale. Une fois que le lien est détruit, il est difficile de le reconstruire.
Il s'agit en conséquence de combattre TOUT ce qui s'oppose et détruit ces liens fraternels. L'existence humaine n'a d'autre sens que celui que l'on retire de la rencontre et de la fréquentation des autres hommes, de sa famille, de ses enfants, de ses amours. La vie ne vaut que par le lien qu'on établit avec l'autre.
Un salarié ne doit pas être seulement apprécié pour son efficacité économique mais par son utilité dans le maintien du lien humain. Des emplois analysés en logique libérale comme coûteux et peu utiles, peuvent s'avérer au contraire comme essentiels pour préserver un climat de grande convivialité.

2.12 Gigantisme, massification, concentration et uniformisation sont les caractéristiques du stade actuel de l'économie industrielle libérale.

Des *gratte-ciels* de plus en plus hauts, des navires et des avions de plus en plus gigantesques, des villes de plus en plus peuplées manifestent la démesure des entrepreneurs et leur folie de grandeur. On ne trouve pas de contre-pouvoir à ces créations proprement « inhumaines » qui écrasent les individus. Le grand capital, les fonds de pension apatrides peuvent librement répandre partout sur la planète leurs tours et centre commerciaux, participant ainsi à l'uniformisation des modes de vie et de penser.

2.13 Concentration des habitats et des foules, cités sans âme, zones commerciales.

L'urbanisme et le gigantisme des villes ont contribué à détruire le lien humain. La société libérale n'a qu'un seul objectif : fabriquer de la solitude pour disposer des individus dont la consommation compenserait le néant de leur condition et le vide de leurs relations.
On a assisté à la disparition des commerces de proximité dans le cœur des villes et villages et dans les quartiers de banlieues supplantés par la « *grande distribution* ». Les hypermarchés ont remplacé les lieux de rencontres entre habitants : le commerce, comme son nom l'indique est un acte social tout autant qu'un acte d'achat.
La généralisation de l'habitat individuel, l'enfermement des familles nucléaires dans des appartements superposés, engendre une juxtaposition des solitudes dans les immeubles et les cités. Coexistent des individus qui n'ont aucune histoire commune, aucune activité collective, aucune raison d'être ensemble, sinon par le hasard d'un achat, aucun prétexte à la rencontre sinon aléatoirement dans les ascenseurs et escaliers.

2.14 Le mode de vie tend à s'uniformiser sur toute la planète. L'existence des grandes multinationales est le principal facteur de cette uniformisation.

Coca-Cola, Mac Donald, Total, Samsung, Nestlé, Toyota, Nike, Disney, les studios de cinéma hollywoodien, etc., ces entreprises présentes dans tous les pays tendent à créer un imaginaire commun, des comportements de consommateurs identiques, une signalétique des rues semblable. Ainsi, le groupe Accor installe des chambres d'hôtel identiques sur tous les territoires de sorte qu'à travers le monde le dépaysement disparait. Il sera de moins en moins intéressant de voyager, de plus en plus difficile de rencontrer des hommes et des femmes *différents*.

2.15 Depuis l'aube des temps les hommes ont souffert au travail. Mais le travail est constitutif de la condition humaine dans le procès de transformation de la nature au profit des hommes.

Esclavage, servage, salariat écrivent l'histoire de l'émancipation du travailleur. Mais si dans son essence originelle, le travail est un mode de la lutte pour sa survie, avec la mécanisation et l'automatisation, il change de nature. La souffrance liée l'effort et à sa durée tend à diminuer de sorte que le travail devient de plus en plus un mode de réalisation de soi, l'espace de sa créativité et de la reconnaissance sociale.
Cependant, à la souffrance physique s'est substituée la souffrance morale dans les rapports de travail : conflits, harcèlements, mise à l'écart, licenciements, vexations, brimades, etc. L'entreprise est devenue un lieu clos du combat social feutré où s'affrontent salariés et dirigeants et salariés entre eux.

L'un des enjeux de l'émancipation future des travailleurs est la disparition du lien de dépendance que constitue le salariat et par contrecoup la réduction des souffrances au travail consécutives aux conflits internes à l'entreprise. Cela passe aussi par l'éradication du chômage qui peut s'opérer par la solidarité, le partage contraint du travail et des salaires.

2.16 Le « produire pour l'autre » est la caractéristique de l'économie capitaliste

Le « produire pour l'autre et rien pour soi » dans le cadre de la division du travail a engendré un éclatement planétaire et la concentration de la production au profit de gigantesques multinationales. Une seule entreprise pourrait produire la totalité des voitures et couvrir les besoins de l'ensemble des consommateurs de la planète. Cela engendre une dépossession du « *produire pour soi* » (pour sa commune, sa région, son pays) et voue au chômage des millions de travailleurs. A côté de l'extorsion de la plus-value nous assistons à la dépossession d'un *pouvoir produire*, à côté de l'exploitation capitaliste des travailleurs, nous avons l'impossibilité même d'être exploité comme salarié.

2.17 La machine et le progrès de l'automatisation dans à peu près tous les domaines ont permis un accroissement inouï de l'efficacité au travail de sorte que l'humanité est appelée à travailler de moins en moins.

La plus-value capitaliste prélevée sur le travail devenu plus efficace n'a cessé de croître, ce qui a engendré des multimilliardaires et un enrichissement spectaculaire de millions de détendeurs de capitaux et d'entreprises.
Dès lors, la « crise du capital » viendra moins de l'affaiblissement de la plus-value relative en fonction de l'accroissement du capital technique que de l'éviction

croissante des travailleurs du système de production. De plus en plus d'hommes peuplant une planète surexploitée, disposant d'un gigantesque capital de travail, d'intelligence, d'énergie, d'ambitions accumulées, de toujours plus d'instruments de conquête et d'analyse, seront confrontés au rétrécissement continu de leur champ d'investissement.
Le travail humain va tendre à se raréfier alors même que la population mondiale ne cesse de croître. La logique économique du libéralisme, c'est d'éliminer toujours plus de salariés pour augmenter les profits. A la limite, quelques agriculteurs disposant d'un matériel perfectionné et peu de techniciens hautement qualifiés seront à même de nourrir toute une population. La poursuite de l'économie libérale c'est l'accroissement du chômage et de l'assistanat, la nécessité de prélever sur le capital et le travail une fraction des revenus pour alimenter les caisses de secours et d'entraide.

3 - PRINCIPES POUR UN NOUVEL ORDRE ECONOMIQUE

Il s'agit de poser les principes, d'ouvrir largement le champ des possibles permettant le libre choix d'une forme économique et des modes de vie et d'habitat.

3.1 Le concept de croissance fastueuse : la finalité du développement économique c'est un certain art de vivre qui met en avant la qualité des relations humaines.

L'objectif d'une croissance fastueuse est de créer un environnement, des lieux d'habitation et de travail où la *beauté* est recherchée avant la fonctionnalité. On pourrait s'inspirer de la magnificence des villes italiennes de la Renaissance. Sa philosophie est gouvernée par les idées de *splendeur* et de *grandeur* et non par la triste vision écologique de restriction, de repli, d'abaissement et de culpabilité de l'action humaine.

3.2 Le développement local autocentré. Il s'agira de créer de petites communautés humaines qui tendent à l'autosuffisance pour un grand nombre de biens produits à différents niveaux : local, régional, national.

La décentralisation économique doit être à l'exemple de la décentralisation administrative. Il s'agit casser les divisions nationale et internationale du travail en multipliant les petites usines et unités de productions.
Ce qui est pris en compte ce ne sont plus les avantages comparatifs de la division du travail qui abaisse les coûts mais les gains humains d'un rapprochement entre producteurs et consommateurs, l'insertion d'une petite économie viable dans le tissu local. Chaque commune autonome disposera d'une liberté pour fabriquer un nombre illimité de biens sans être contrainte de produire pour l'échange et non pour soi.

De très nombreux bien et services peuvent être produits localement (nourriture, boissons, habillement, petit outillage, pièces mécaniques, petites usines de montage, etc.) Par exemple, la région limousine pourrait fabriquer ses propres voitures par décentralisation des usines nationales ou internationales. Les grandes usines doivent être démantelées et réparties sur tout le territoire. La décentralisation économique pourrait s'opérer sur le mode des accords de franchise d'une marque nationale avec pour contraintes de l'adapter aux spécificités locales.

Il s'agira de rompre avec des siècles de division du travail qui a eu pour conséquence de créer des monstres multinationaux, des usines concentrationnaires de travailleurs, de rapprocher les lieux de production des lieux de consommation, d'en finir avec l'anonymat de l'échange économique. La production et l'échange de biens et services doivent devenir un prétexte à la rencontre, une occasion de renforcer les liens humains, de vivre sur un même territoire une histoire commune.

3.3 **Le nouvel ordre économique : la pluralité des formes économiques de travail et de production. Chacun doit choisir son type d'activité mais également de participer au secteur économique qui corresponde le mieux à sa philosophie de l'action et à son insertion sociale**.

On peut envisager une cohabitation entre trois secteurs : étatique, communautaire et libéral

a) Nouvelle définition du service public étatique ou local : rentabilité des entreprises publiques et extension du champ de la gratuité.

La finalité des nationalisations est différente de la vision collectiviste de l'époque précédente. Celles-ci ne sont pas destinées à restituer à la communauté les entreprises stratégiques mais à s'approprier les entreprises rentables. En effet l'Etat doit réduire la part des prélèvements sur le secteur productif destinés à rémunérer ses propres agents et assurer les services collectifs. Pour cela, l'Etat doit produire une part de la valeur en concurrence avec le secteur des entreprises privées.
Les nationalisations ont également un autre but : collectiviser certaines activités afin s'étendre la part des biens et services gratuits. La nationalisation doit concerner les biens et services aisément reproductibles, ceux dont le coût n'augmente pas en proportion des unités consommées ou qui ne sont pas détruits par l'usage. (Péages, télécommunications, transports en commun, services offerts par Internet, etc.). En effet, seule la nationalisation permet d'étendre le champ de la

consommation. Celle-ci est considérablement restreinte par le prix fixé en gestion libérale, alors même qu'il n'y a pas de véritable limite physique à leur diffusion.

b) Différentes formes de gestion et d'appropriation collective : l'entreprise autogérée.

On a cru que le transfert de la propriété d'une entreprise aux travailleurs et sa gestion étaient suffisants pour assurer la justice et la fin de l'exploitation capitaliste. Il s'agissait d'un transfert d'un pouvoir d'une entité sociale à une autre sans qu'aient été réfléchies les finalités et modalités d'exercice de ce pouvoir.

Or, l'entreprise n'est pas seulement un lieu de production de sa survie, c'est un cadre de réalisation et de création où les hommes se rencontrent, ont une histoire et vivent une aventure commune. C'est le lieu d'un perfectionnement personnel dont le prétexte est l'activité au sein d'une communauté qui a pour but la recherche d'une harmonie et d'un bien-être collectif.

La finalité d'une entreprise autogérée c'est le bien-être du travailleur auquel la production est subordonnée. L'entreprise autogérée est la forme supérieure de gestion par un groupe que doit unir des liens d'amitié et de fraternité. Ils coopèrent tous selon leurs moyens et capacités au progrès et développement de leur entreprise.

Ce mode de gestion doit être encouragé, prôné exemplairement et bénéficier d'avantages particuliers, fiscaux et autres.

c) Persistance d'un secteur laissé à la libre entreprise individuelle soumis à la réglementation étatique sur les rémunérations, les conditions de travail, l'égalité, etc.

Il est indéniable que la recherche du profit personnel est un des moteurs principaux de l'action tout comme la propriété privée développe le souci de l'entretien et du développement de son bien propre. La société libérale-capitaliste est toute entière fondée sur cette seule motivation à l'action et à la création. On ne saurait par quelque révolution radicale éradiquer ce mobile pour entreprendre profondément ancrée dans la psychologie humaine. Tout au plus pourrions-nous limiter le champ d'exercice et développer en concurrence les secteurs fondés sur l'entraide, la générosité, la dépossession, le don et la gratuité.

3.4 Pluralité des modes de vie et d'habitat. L'organisation actuelle du mode de vie et d'habitat privilégié essentiellement la propriété privée solitaire, conduisant à généraliser l'enfermement et l'anonymat dans des cités sans âme ni vie collective fraternelle.

Chaque homme devrait choisir son mode d'habitat : privé, semi communautaire, communautaire voire de type communisant avec suppression de la propriété personnelle. La nouvelle politique devrait favoriser le regroupement des individus - et des familles - qui le désirent, appelés à entretenir des rapports de proximité et de solidarité. En particulier faciliter l'achat et la construction d'habitats avec des fonctions collectives. On devrait organiser les échanges entre actifs pour les rapprochements entre le travail, l'habitat et le groupe d'appartenance.
On peut imaginer la création de monastères laïques destinés à tous ceux qui veulent vivre en retrait du monde selon la tradition monacale mais sans religion ni spiritualité ésotérique ou orientale.

CHAPITRE 6 - THEORIE ECONOMIQUE DE L'ECHANGE GRATUIT LIMITE

1– LES INCONVENIENTS DE LA GRATUITE

Quelles sont les justifications à la fixation d'un prix et les arguments qui tentent à limiter la gratuité des biens ?

1.1 - **Les biens gratuits ne sont pas coûteux pour l'individu, ce qui l'incite au gaspillage. Il n'est pas propriétaire et consécutivement n'en prendra pas soin**.

Ainsi, dans l'ex-URSS, les allumettes étant plus chères que le gaz, les consommateurs laissaient brûler le gaz pour ne pas les gaspiller. La gratuité engendre le gaspillage et on ne peut en appeler à l'esprit civique. La contrainte par le coût est une règle qui fonctionne mieux que toute morale collective.
Cependant, ces restrictions pour éviter le gaspillage ne s'appliquent pas aux biens dont la consommation n'entraîne pas une disparition de l'objet. Par ailleurs, le besoin peut être éteint pas sa satisfaction, l'individu ne pouvant absorber plus que ce que son estomac peut contenir ou user d'un objet plus que le temps dont il dispose.

Ainsi, si les transports étaient gratuits, aucun individu ne passerait ses journées dans les bus et trains. En France, l'école publique est gratuite, et les élèves n'en abusent pas. Il en va de même pour nombre de biens (cinéma, biens culturels multiples, télévisions actuellement payante, musées, piscines, aires de jeux, autoroutes, téléphone, etc.). Pour un certain nombre de biens et services, il existe une limite objective au gaspillage qui tient soit à la nature du bien, soit à la saturation rapide du besoin.

1.2 L'individu qui obtient sans effort le bien gratuit a tendance à le dévaloriser : sa possession doit lui demander un effort, un sacrifice.

Ainsi, faut-il rémunérer son psychanalyste car le sacrifice financier consenti manifeste le désir d'implication du patient. Par ailleurs, l'effort du producteur est contenu dans l'objet : on respecte celui-ci quand on sacrifie à son tour une valeur qui est aussi l'expression d'une peine au travail. Ce qui a été obtenu gratuitement, sans effort ni risque vaut naturellement beaucoup moins. Ce qui est acquis sans solliciter l'intelligence de l'individu, s'il l'a obtenu sans combat, est de moindre valeur.
Cependant, ici aussi, nous ne devons pas mettre tous les besoins et désirs sur le même plan. On ne voit pourquoi la gratuité des transports ou des piscines peut atténuer les motivations à l'action et dévaloriserait ces biens.

1.3 Pour un producteur, offrir gratuitement sa production n'est pas un acte rentable.

Il ne sera pas intéressé par cette relation non marchande qui ne lui apporte que dépense d'efforts sans récompense. Toute la démotivation au travail des agents publics, des producteurs communistes, s'expliquerait par cette idée qu'en l'absence de profit, il ne saurait y avoir d'efforts sans contrepartie. D'autre part, quand règne la sécurité de l'emploi, le producteur n'est pas mis en danger et n'a pas peur pour sa survie qui l'inciterait au dépassement de soi.

Il serait naïf de penser que l'humain est spontanément généreux et que l'on peut faire disparaître l'intérêt personnel ou la contrainte pour forcer à l'action. Mais l'homme n'est pas qu'un principe d'égoïsme, il est capable de grands sacrifices, d'une immense générosité lorsque sa morale et les cadres sociaux l'y invitent. Or l'économie marchande se fonde *exclusivement* sur les seuls calculs d'intérêts. La gratuité compenserait cet égoïsme naturel et permettrait aux sentiments nobles de s'exprimer.

1.4 Le prix permet de limiter la demande des biens rares en en sélectionnant les bénéficiaires : si la quantité disponible est limitée, le nombre de consommateurs devra être également restreint.

Il faut trouver un critère d'attribution et le prix devra être dissuasif pour sélectionner les privilégiés. La loi de l'offre et la demande joue ce rôle d'exhausseur de valeur : plus la demande est élevée, plus les prix augmentent. Si effectivement, l'un des modes de sélection des bénéficiaires des biens rares est le prix à payer, ce principe ne doit pas s'appliquer lorsqu'ils sont abondants.
Mais la baisse des prix connaît un seuil qui est celui nécessaire à la rémunération du producteur. Dès lors, même si l'usage d'un bien peut être rendu illimité, sa restriction par le prix s'imposera. Ainsi le téléchargement des œuvres culturelles sur internet n'exige aucun coût supplémentaire pour le producteur ; la rareté est organisée artificiellement pour assurer la rémunération des artistes.

1.5 La gratuité incite à la surconsommation, à un matérialisme exacerbé, qui ne tient pas compte des limites écologiques, de la dilapidation des réserves naturelles, des ravages consécutifs à un productivisme effréné.

La gratuité incite les individus davantage à la dépense qu'à l'économie, au gaspillage qu'à la mise en réserve, à l'hédonisme consumériste et non à l'abstinence ascétique.
Il est à noter que l'économie marchande prête tout autant au gaspillage par l'individualisme de la consommation. Lorsque

le citoyen préfère user de sa voiture plutôt que les transports en commun, il y a un coût écologique. Le mode de vie individualiste oblige à posséder un certain nombre de biens réservés à sa consommation exclusive. La gratuité dans l'usage inciterait à choisir entre le coût de sa possession et son usufruit temporaire. L'avantage retiré par l'emprunteur d'un livre en bibliothèque pourrait être étendu à nombre de biens et services. On constate que beaucoup d'objets possédés sont sous-utilisés et que le recours au prêt gratuit constitue une motivation à ne pas posséder un bien.

Par ailleurs, on ne voit pas en quoi la consommation de téléphone, de musées, de télévision, de services médicaux, etc., puisse porter atteinte à l'environnement. Dans le choix des biens et services qui pourront être offerts à la libre consommation de chacun, il est évident que les critères de coûts environnementaux et de rareté objective devront être prédominants.

1.6 Le prix permet de déterminer le niveau réel du sacrifice auxquels les individus sont prêts pour l'obtention d'un bien, ce qui permet de diriger les investissements : le prix est l'indicateur de la rentabilité d'un investissement.

Le bien public ne disposant pas de ces indicateurs, un investissement peut être moins rentable (p.ex piscine sous-utilisée).
Mais le gaspillage existe aussi en régime marchand lorsqu'un investissement n'est pas rentabilisé, lorsqu'un bien ne trouve pas sa clientèle, lorsque les entreprises déposent leur bilan. Cependant, il s'agit d'un coût supporté par le seul investisseur privé comme contrepartie d'un risque et n'entre pas dans la comptabilité collective : il importe peu que machines et travailleurs soient mis au rebus. Pour les biens publics, on voudrait qu'ils ne soient jamais soumis à la perte et au

gaspillage. Ce qui est toléré comme naturel pour l'entreprise privée ne l'est pas pour les activités publiques !
Mais s'agissant des seuls critères de rentabilité, les techniques de mesure de l'efficacité de gestion sont suffisamment fines pour qu'on puisse se dispenser de recourir à celles d'un prix sur le marché (p.ex. indices de fréquentation).

1.7 Lorsque l'objet est vendu, acheteur et vendeur sont déliés de toute obligation autre que commerciale (qualité du produit, respect des règles de vente).

Par l'achat, l'objet quitte définitivement le vendeur, l'acheteur n'a plus aucune dette à son égard, il a payé la peine contenue dans l'objet. Acheteurs et vendeurs peuvent retourner à leur anonymat et demeurer indifférents l'un à l'autre.
Le don est plus coûteux pour les deux parties : le sacrifice du donneur, la dette morale de l'acceptant. A la différence de la relation marchande, la gratuité lie plus intensément les deux parties. Il y a une reconnaissance à attendre de celui qui bénéficie d'une faveur. Le citoyen se sent davantage responsable d'une entreprise nationale avec laquelle il entretient un rapport « patriotique ». L'attache affective est quasi absente à l'endroit d'une entreprise privée dont on sait qu'elle n'accorde ses faveurs qu'en échange d'une valeur monétaire. Ce sentiment que l'espace et les biens publics appartiennent à tous est l'expression du lien qui attache l'individu à une communauté et des devoirs qui sont les siens. Il transcende l'intérêt personnel.

2 - DE L'ECHANGE GRATUIT

2.1 Elimination d'un certain nombre de biens de l'échange gratuit.

Le principe de *gratuité* permet de faire correspondre le niveau de la consommation à celui des besoins individuels et sociaux. Cependant, il ne peut s'appliquer aux biens rares et à ceux dont l'usage engendrerait gaspillage ou destruction écologique. La restriction de la consommation par le coût permet la sélection des consommateurs pour les biens rares et le respect de règles éthiques pour les biens dont on veut éviter le gaspillage ou le mésusage.

2.2 Règle de compensation du principe de gratuité

(*Il s'agit ici de décrire simplement le principe sans entrer dans les difficultés de son application pratique)*

Deux producteurs qui échangent des biens ou services marchands échangent les mêmes valeurs qui dès lors s'annulent (ce qui ne signifie nullement cependant que l'échange soit égal : on peut échanger une heure de travail contre trois ou dix pour une même valeur). L'échange marchand est dans son fond un troc à ceci près que l'acheteur fournit l'équivalent de la valeur de son travail conservée dans la monnaie. D'un côté comme de l'autre il y a mesure de la valeur, comparaison des avantages/coûts.
Soit 3 échangistes A, B, C qui échangent un bien (marqué par une flèche→) contre une somme de monnaie (marquée→)

A→ ← B → ← C → ← A

Au terme de l'échange la somme → fait retour à A lorsque celui-ci a fourni à C une marchandise ←. On s'aperçoit que la monnaie → détenue par A ne correspondait à aucune marchandise produite par A et qu'au terme de l'échange, il se trouve en possession de la marchandise de B et récupère la somme →. Il s'agit donc d'une somme empruntée nécessaire pour effectuer l'échange indirect avec A en passant par C. laquelle au terme du circuit n'aura plus aucune utilité puisque tous les biens ont été échangés.

La monnaie a servi de mémoire et de garantie, certifiant que B a bien livré à A la marchandise et qu'en conséquence C pourra livrer à B la sienne, ce que pourra faire A également en direction de C. La monnaie apparaît comme une sécurité assurant que l'échange présent sera compensé par un échange futur.

Mais nous pourrions obtenir le même résultat si A, B, C avaient la garantie a priori que les marchandises soient livrées sans contrepartie monétaire, s'ils étaient gratuits. A, sachant que B le fournira gratuitement fera de même avec C, lequel C sera généreux avec B. Nous parvenons ainsi au même résultat qu'avec l'échange monétaire à ceci près que ce type d'économie est basé sur la confiance mutuelle.
L'échange gratuit se définit davantage comme un troc d'un nouveau genre qu'un échange de gratuités : il est échangé une quantité de travail contre une autre sans mesurer immédiatement la valeur de l'échange, sans garder une créance monétaire à terme sur un autre producteur. Ce qui est gardé dans l'échange, c'est la certitude que dans l'avenir et par un autre producteur, l'acte gratuit de l'instant sera remboursé par une autre gratuité

L'échange gratuit suppose instauré un rapport de confiance dans l'économie tel qu'une partie de son travail est offert à la libre consommation, en sachant qu'en retour chacun s'engage de faire de même. La valeur qui est conservée, ce n'est plus la monnaie mais l'assurance que son don sera compensé par un contre don. Celui-ci n'aura pas lieu dans l'instant ni ne sera l'œuvre du même bénéficiaire.

2.3 La tendance à la baisse des quantités monétaires

Dans l'économie marchande, la monnaie réglemente et mesure la totalité des échanges selon une progression cumulative.
L'échange gratuit tend au contraire à une diminution tout aussi multiplicatrice de l'échange monétaire. Si un individu consacrait 1500 euros annuellement en dépenses en transport et que ceux-ci deviennent gratuits, il n'aura pas besoin de gagner l'équivalent en salaire. Cependant, il s'agit de rémunérer les agents des transports et nous devons prélever un impôt de 1500 euros. La situation est identique à l'économie marchande à ceci près que le citoyen peut avoir un usage illimité du transport et qu'à dépense égale, il consomme davantage.

Mais entre A (agent de transport) et B (citoyen), nous sommes dans une situation où A offre un service gratuit, ce qui n'est pas le cas pour B. Les 1500 euros que doit verser B à A sont en fait destinés à permettre à ce dernier (A) d'acheter les biens de B. La situation la plus simple consisterait alors à ce que B offre à son tour un service gratuit à A, ce qui correspond au prélèvement de taxe sur B devant servir à A pour acheter les produits de B. Dans cette hypothèse, un service gratuit s'échange contre un autre service gratuit. Il sera strictement égal à B de payer un impôt ou d'offrir une fraction de sa production gratuitement.

3 - LA MISE EN ŒUVRE DU PRINCIPE DE L'ECHANGE GRATUIT

3.1 **Une des contraintes du système libéral est la cohabitation d'un secteur marchand producteur unique de valeur et un secteur étatique qui assure les fonctions collectives (police, armée, justice, éducation, etc.).**

Pour rémunérer ces services de l'Etat, il faut prélever la valeur sur le secteur marchand. Mais ce système est extrêmement inefficace et suscite réticences, calculs, dissimulation, incivisme et comporte un coût pour lever l'impôt. Tout se passe comme si la valeur produite par le secteur marchand lui appartenait et qu'il s'en dessaisissait à contrecœur. Dès lors, la tentation libérale sera de diminuer les prélèvements en opposant biens et services économiques, aux services coûteux et sans valeur rendus par l'Etat.

3.2 Conséquences et applications pratiques de l'échange gratuit

Lorsque par la technique de l'échange gratuit, nous diminuons la quantité de valeurs produites par le secteur marchand, cela n'a pas pour conséquence d'augmenter la part relative des prélèvements obligatoires. En effet, le cœur du principe de l'échange gratuit c'est une diminution des prélèvements non proportionnelle à l'élévation du produit national brut.
Un fonctionnaire aura son salaire diminué de son équivalent en biens gratuits, ce qui baissera le montant des prélèvements sur le secteur producteur de valeur.
Dans la situation d'échange entre producteurs de valeurs et les agents de l'Etat, il faut prélever une taxe sur la valeur produite pour rémunérer le secteur étatique. Celle-ci sera d'autant moins élevée à mesure que s'étendra le domaine de l'échange gratuit. En effet, les agents du secteur public auront besoin de moins en moins de valeur pour acheter des biens de plus en plus gratuits. Dans l'échange marchand, il faut d'autant plus de revenus qu'il y a de biens marchands à se procurer. Inversement, moins il y aura de biens marchands et moins il y aura de valeur à échanger contre d'autres valeurs.

Nous entrons dans un type d'économie basée sur le principe du don mutuel, d'un engagement d'échanger une même valeur, laquelle puisque identique s'absente des calculs. Nous passons d'une logique d'extension du nombre de biens dotés de valeurs, à une dévalorisation de la marchandise concomitante à l'augmentation de la quantité de biens consommés. En effet, pour augmenter la consommation, la logique du système capitaliste consiste à augmenter régulièrement les revenus. La logique d'un système de dons mutuels, à l'inverse, consistera à augmenter la quantité de biens consommés sans fixation de valeurs en abaissant le niveau des revenus.
La théorie de l'échange gratuit a un double objectif : permettre la consommation sans restriction d'un certain nombre de biens et services, instaurer un espace d'humanité et de générosité en restreignant la sphère de l'échange marchand.

3.3 Redéfinition de la mission des services publics

Un service public reste marchand s'il facture ses prestations même à perte. Dès lors, le critère du service public n'est plus dans son utilité stratégique ni sa mission de suppléance des défaillances du privé mais dans son usage gratuit. Il se distingue fondamentalement de l'entreprise capitaliste car sa finalité n'est pas dans la recherche du profit mais l'élargissement de la consommation par une utilisation maximale des investissements. En plus de sa mission régalienne traditionnelle (sécurité, justice), le service public instaurera la gratuité de certains biens collectifs favorisant la consommation.

Aussi, la recherche d'une nouvelle justice sociale devra moins s'effectuer par la ponction et la redistribution des revenus pour favoriser la demande (nous en avons vu les limites) que de rechercher par la gratuité, la consommation par le plus grand nombre.

3.4 La gratuité relevant des services publics peut être envisagée selon trois modes essentiels :

1) Elle concerne les biens et services que l'usage ne détruit pas et qui peuvent être fournis en abondance sans augmentation notable des coûts (transports, télévision, téléphone, autoroute, certains loisirs culturels, etc.).

2) Elle concerne ensuite les services fondamentaux au citoyen : éducation, culture, santé, etc. Le principe de la sécurité sociale est l'exemple même d'un secteur qui ne fonctionne pas selon le principe de la restriction de la demande par les coûts et connaît consécutivement la plus forte progression.

3) Elle concerne les biens et services constituant un minimum vital. De fait, on constate qu'un individu doit disposer d'un minimum vital de biens (logement, nourriture, chauffage, habillement, etc.). Si tout le monde doit consommer ce minimum pour exister, il pourrait être offert sans contrepartie d'un prix. Ainsi, pour la consommation de biens rares non renouvelables comme l'électricité, l'eau, le gaz, etc., nous pourrions fixer un seuil de consommation gratuite à partir duquel toute unité supplémentaire consommée serait facturée. Il s'agit d'une traduction en termes de biens matériels du revenu minimum vital qui est alloué en valeurs monétaires. Puisque chacun a un niveau de besoins primaires supposés identiques, par l'échange gratuit nous parvenons à la même satisfaction que par l'échange monétaire.

3.5 La gratuité entre quantités équivalentes consommées.

L'un des fondements de la rationalité libérale consiste à individualiser chaque prestation afin que chaque individu paie le service qui lui est rendu. Ainsi, celui qui ne va jamais au théâtre ne voudra pas payer une taxe pour le rendre gratuit. Par contre, s'il va au salon de la maquette, l'amoureux du théâtre ne voit pas pourquoi il subventionnerait son entrée gratuite. On voit immédiatement qu'un compromis est possible : si le théâtre est gratuit alors en échange le salon de la maquette le sera également. On constate que si une catégorie de biens (ici les loisirs et la culture) est consommée par chacun dans des proportions presque identiques, les échanges gratuits peuvent se compenser. La théorie des échanges gratuits aboutit à des résultats identiques à l'échange marchand. Si deux biens sont de même valeur, on peut les échanger, *en théorie*, sans recourir à l'instrument monétaire.

4 - LES AVANTAGES DE L'ECHANGE GRATUIT

4.1 La gratuité supprime la restriction à la consommation imposée par le prix.

L'automobiliste n'est pas contraint de prendre une autre route s'il ne veut pas payer l'autoroute. Un autre ne sera pas contraint de réduire ses désirs de voyage si les trains sont gratuits. De nombreux services et biens pourront être offerts gratuitement si cela n'augmente pas considérablement le coût par unité consommée.

4.2 L'augmentation des transferts sociaux suppose une hausse constante des prélèvements de l'Etat. La gratuité tend au contraire à les diminuer.

En économie marchande, chacun dépense ses revenus librement et consomme exactement ce dont il a besoin. La fixation d'un prix a donc un objectif discriminant : celui qui n'a pas de revenus ne peut acheter, celui qui n'en a aucun besoin n'est pas contraint de payer pour un autre. Cependant, cette loi de la jungle est tempérée par les politiques de transferts de revenus mais qui tend à augmenter les impôts prélevés.

4.3 La gratuité pour certains biens diminue son coût de production par l'élimination des charges destinées à rémunérer le producteur (contrôle, publicité, etc.)

L'encaissement du prix, le contrôle de son paiement supposent un personnel, des infrastructures dont le coût rentre dans le prix de vente de la marchandise. Ainsi l'usager d'un transport en commun doit-il rémunérer le guichetier qui lui vend son billet, le contrôleur, l'impression des billets, la publicité, etc. Ces activités commerciales et de contrôle représentent une fraction notable du prix du bien ou service vendu ! L'acheteur paie une partie de la dépense commerciale nécessaire pour lui vendre le bien.

4.4 La loi de l'offre et de la demande comporte un seuil au deçà duquel on ne peut descendre, celui des salaires et profits des producteurs, ce qui limite la consommation.

La tendance est à la baisse générale du prix du travail par une mise en concurrence des travailleurs dans le cadre de la mondialisation des échanges. Par l'échange gratuit, cette concurrence sur les salaires entre travailleurs par définition disparait et la consommation n'est pas réduite par l'existence du prix.

Par ailleurs, l'échange gratuit permet d'ajuster moyens de production et niveau de la demande en satisfaisant pleinement celle-ci qui s'exprime dans l'absolu et non plus en fonction des revenus limités.

Sans nier la nécessité d'une sphère laissée à l'échange marchand, il s'agit d'instaurer un contrepoids à ce mode exclusif et généralisé de l'être ensemble. Nous devons préserver la motivation au profit comme un des moteurs de l'activité, mais l'équilibrer par une part de générosité en développant un vaste secteur d'échanges gratuits.

CHAPITRE 7 - LES REFORMES POLITIQUES

1 - LES COMMUNAUTES D'APPARTENANCE.

L'ordre politique issu de la révolution française a poursuivi le mouvement général de dépendance des individus d'un l'Etat doté de plus en plus de fonctions, dépossédant chacun d'une fraction importante de ses responsabilités et d'une possibilité d'action directe sur son devenir.

Parallèlement à cette concentration du pouvoir s'est produit un éclatement géographique des familles et des membres des communautés d'appartenance : le citoyen n'a plus qu'un lien indirect avec les instances politiques par l'intermédiaire des mass-médias.
L'éloignement des centres du pouvoir, l'anonymat, l'uniformisation, la solitude, l'emprise des médias, celle des experts et des technocrates, des professionnels de la politique, caractérisent l'époque industrielle.
Il s'agit de réinsérer chaque homme au sein d'un groupe de base pour retrouver l'esprit de solidarité d'une petite société où tous les membres se connaissent et vivent une histoire commune.

Les principes des communautés d'appartenance (CA)

1 - **Tous les droits démocratiques s'exercent dans le cadre des CA et notamment le droit de vote local, régional, national. Les CA sont le lieu privilégié du débat démocratique national et local.**

La CA est la structure démocratique de base où sont débattus les questions essentielles de la vie communautaire mais aussi les problèmes locaux et nationaux. Les votes aussi bien locaux que nationaux s'exercent dans ce cadre.

2 - Leurs délégués participent aux différentes instances décisionnelles locales et nationales : élections communales, régionales, parlementaires, présidentielle.

Les membres des CA votent pour désigner leurs délégués pour les élections communales départementales et régionales. Il en va de même pour l'élection du député de leur circonscription.

3 - Chacune élabore une charte définissant ses principes de fonctionnement et sa philosophie.

Chacun est libre de choisir sa communauté et d'en changer. Chacun est libre de refuser de s'insérer dans une communauté et pourra directement voter pour les instances locales et nationales. Chaque CA vote pour l'admission d'un membre.
Les communautés doivent contenir un nombre minimum et maximum de membres pour l'exercice efficace de la démocratie.
La charte philosophique de la CA doit être conforme à la constitution nationale et ne doit pas comporter de principes contraires à l'ordre démocratique et à la déclaration des droits de l'homme. Elle doit être votée et soumise au contrôle de légalité.
Chaque CA fixe ses règles de fonctionnement : désignation des dirigeants, des représentants, fréquence des réunions, etc. à l'intérieur d'un cadre d'obligations fixé nationalement.

4 – La CA est une entité publique ayant un statut et des pouvoirs reconnus par la constitution.

Elle possède un budget public et est chargée notamment des actions de solidarité (aides sociales diverses). C'est une des missions essentielles des CA que d'assurer l'entraide entre ses membres.
La CA collecte les impôts pour son propre fonctionnement mais aussi pour les instances locales et nationales selon des modalités définies par leurs membres dans un cadre réglementaire national.
Elle peut gérer des entreprises, des associations.

5 – Toutes les CA d'un territoire donné se fédèrent et constituent une commune administrative.

Celle-ci est gérée selon les modalités classiques et dotée des compétences traditionnelles concernant notamment les services collectifs (voirie, police administrative, école, ordures ménagères, etc.).

2 - COMITE POETIQUE CONSTITUTIONNEL

Une charte recensant les grands principes d'une approche poétique et une déclaration des nouveaux droits sera élaborée et intégrée à la constitution.
Au-dessus de toute politique, de tout intérêt économique, de toute innovation technique, ces nouveaux droits seront supérieurs aux normes économiques et techniques pour assurer le développement et le maintien des liens de fraternité et de proximité entre les hommes.

Une haute autorité poétique sera nommée, chargée d'apprécier la conformité à ces droits de toutes les mesures législatives prises et devrait pouvoir être saisie par tout citoyen estimant qu'un acte privé ou public est contraire à ces principes. La composition de ce comité devrait comporter des personnalités reconnues pour leurs qualités humaines, leur

sensibilité poétique et esthétique, leurs travaux dans le domaine des arts et lettres.
Cette haute autorité devra veiller sur le vécu émotionnel, le plaisir poétique et esthétique, la qualité des rapports humains que les hommes attachent à la persistance d'une institution, d'un cadre de rencontre, d'une harmonie architecturale, d'une signalisation quelconque qui contribue à la jouissance poétique et à l'établissement de relations humaines riches et nombreuses.

Elle devra faire en sorte que la poétique de l'humain, les valeurs esthétiques et éthiques priment sur l'efficacité technique et la recherche du profit. Elle devra veiller en particulier aux conséquences sociales et humaines lors de l'introduction d'une nouvelle technique, de l'automatisation des travaux et des services, du remplacement de l'homme par la machine.

3 – L'AVENEMENT DE L'ETAT MONDIAL

Principes pour un nouvel ordre mondial

L'humanité a atteint le stade de l'universalité. Le 3eme stade marque l'achèvement de l'organisation du monde, le gouvernement démocratique de la planète. Il s'agit d'une rupture radicale avec un état de nature de lutte des espèces pour leur survie et leur développement. Nous passons au mode organisé et conscient de développement et de coopération. En ce sens, le troisième stade est la fin d'une histoire, l'achèvement d'un premier cycle de l'aventure naturelle qui a vu le surgissement, l'installation et la domination de l'espèce humaine. Cela marque la fin d'une grande épopée ponctuée de guerres, de meurtres, de souffrances, de famines et d'épidémies.

L'Etat mondial est l'aboutissement du processus de conquête et d'universalisation des peuples. Il succède à l'organisation féodale des différents Etats nations et la domination persistante des nations les plus riches et puissantes. Cela suppose :

- Le gouvernement démocratique du monde : élection au suffrage universel dans chaque pays de représentants au parlement chargé d'élire les membres du gouvernement mondial et de son président.
- La suppression progressive des frontières étatiques et l'extension du droit de circuler librement.
- La suppression des armées nationales et création d'une force mondiale d'intervention sous contrôle du gouvernement et du parlement mondial.
- La création d'un étalon monétaire international invariable de référence régulé par une banque mondiale.
- La fixation d'une valeur horaire minimale internationale du travail (smic horaire).
- Le prélèvement d'un impôt international strictement proportionnel à la richesse d'un pays et politique de justice redistributive à l'échelon planétaire : plan développement planétaire et de lutte effective contre la misère.
- L'Internationalisation des multinationales qui constituent désormais le patrimoine commun de l'humanité et contrôle de l'activité de celles-ci par les instances mondialisées.
- La régulation mondiale des marchés de capitaux, des matières premières et des échanges.
- Le passage à la propriété commune mondiale d'un grand nombre d'activités ayant par essence un caractère international (télécommunications, internet, etc.).
- L'internationalisation pour un certain nombre de brevets et droits d'auteurs (médicaments, œuvres artistiques, etc.).
- La définition d'un patrimoine économique commun à l'humanité.

TABLE DES MATIERES

Structures éditoriales du groupe L'Harmattan

L'Harmattan Italie
Via degli Artisti, 15
10124 Torino
harmattan.italia@gmail.com

L'Harmattan Hongrie
Kossuth l. u. 14-16.
1053 Budapest
harmattan@harmattan.hu

L'Harmattan Sénégal
10 VDN en face Mermoz
BP 45034 Dakar-Fann
senharmattan@gmail.com

L'Harmattan Cameroun
TSINGA/FECAFOOT
BP 11486 Yaoundé
inkoukam@gmail.com

L'Harmattan Burkina Faso
Achille Somé – tengnule@hotmail.fr

L'Harmattan Guinée
Almamya, rue KA 028 OKB Agency
BP 3470 Conakry
harmattanguinee@yahoo.fr

L'Harmattan RDC
185, avenue Nyangwe
Commune de Lingwala – Kinshasa
matangilamusadila@yahoo.fr

L'Harmattan Congo
67, boulevard Denis-Sassou-N'Guesso
BP 2874 Brazzaville
harmattan.congo@yahoo.fr

L'Harmattan Mali
ACI 2000 - Immeuble Mgr Jean Marie Cisse
Bureau 10
BP 145 Bamako-Mali
mali@harmattan.fr

L'Harmattan Togo
Djidjole – Lomé
Maison Amela
face EPP BATOME
ddamela@aol.com

L'Harmattan Côte d'Ivoire
Résidence Karl – Cité des Arts
Abidjan-Cocody
03 BP 1588 Abidjan
espace_harmattan.ci@hotmail.fr

Nos librairies en France

Librairie internationale
16, rue des Écoles
75005 Paris
librairie.internationale@harmattan.fr
01 40 46 79 11
www.librairieharmattan.com

Librairie des savoirs
21, rue des Écoles
75005 Paris
librairie.sh@harmattan.fr
01 46 34 13 71
www.librairieharmattansh.com

Librairie Le Lucernaire
53, rue Notre-Dame-des-Champs
75006 Paris
librairie@lucernaire.fr
01 42 22 67 13

www.ingramcontent.com/pod-product-compliance
Lightning Source LLC
LaVergne TN
LVHW021230061026
849535LV00008B/2996
* 9 7 8 2 3 4 3 2 4 2 1 0 1 *